农村留守儿童的教育问题研究

王　娟　著

中国纺织出版社有限公司

内 容 提 要

本书从我国农村留守儿童的基本状况及其发展趋势入手，以安徽省留守儿童这一特定群体为研究对象，多角度对留守儿童的教育问题进行深层次研究，以期为解决我国留守儿童的教育问题尽微薄之力，为政府部门进行相关决策、制定相关政策提供可资参考的资料支撑。笔者研究认为当前农村留守儿童教育主要存在以下三个层面的问题：一是学习教育问题；二是心理健康教育问题；三是思想品质教育问题。基于以上问题，笔者提出了系统性解决办法，希望能为农村留守儿童教育问题的解决提供一个新思路，为帮扶这一弱势群体提供可参考的方案。

图书在版编目（CIP）数据

农村留守儿童的教育问题研究 / 王娟著 . -- 北京 : 中国纺织出版社有限公司 , 2020.12

ISBN 978-7-5180-8001-4

Ⅰ . ①农… Ⅱ . ①王… Ⅲ . ①农村 – 儿童教育 – 研究 – 中国 Ⅳ . ① G61

中国版本图书馆 CIP 数据核字 (2020) 第 227205 号

策划编辑：李满意　　责任编辑：张　强

责任校对：王蕙莹　　责任印制：王艳丽

中国纺织出版社有限公司出版发行

地址：北京市朝阳区百子湾东里 A407 号楼　邮政编码：100124

销售电话：010—67004422　传真：010—87155801

http://www.c-textilep.com

中国纺织出版社天猫旗舰店

官方微博 http://weibo.com/2119887771

天津千鹤文化传播有限公司印制　各地新华书店经销

2020 年 12 月第 1 版第 1 次印刷

开本：710 × 1000　1/16　印张：9.25

字数：100 千字　定价：37.00 元

前 言

留守儿童是我国农村大量剩余劳动力向城市转移过程中的伴生现象，是我国城乡文明一体化这一社会转型过程中的必然结果。从农村留守儿童的基本状况及其发展趋势来看，其教育问题的解决相当紧迫，如农村留守儿童厌学、逃学、辍学等各种问题，引起了社会各界的广泛关注。因此，本书以安徽省留守儿童这一特定群体为研究对象，多角度对农村留守儿童的教育问题进行深层次研究，以期为解决我国留守儿童的教育问题尽一份微薄之力，为政府部门进行相关决策、制定相关政策提供可资参考的文本。

本书研究认为当前农村留守儿童主要存在以下三个方面问题：一是学习教育方面问题，主要表现为厌学、辍学等现象依然严重；二是心理健康问题，主要表现为性格孤僻、缺乏积极乐观向上的心态等；三是思想品质问题，主要表现为公德意识退化、诚信意识弱化等。针对以上三个方面的问题，笔者认为，应该从社会、家庭、学校以及农村留守儿童个人本身等方面进行归因分析，从而得出解决问题的办法：改进父母和监护人的教育方式，不能因父母长期在外使得家庭教育缺失；充分发挥学校教育主阵地的作用，使得农村留守孩子得到全方位的教育；制定关政策，建立社会统筹协调机制，从社会层面关注留守儿童成长。解决好农村留守儿童教育问题不仅关乎亿万农民工群体的切身利益，也涉及和谐社会的构建，更关乎中华民族人口素质的提高。希望通过笔者的研究，为农村留守儿童教育问题的解决提供一个新思路，为帮扶这一弱势社会群体提供可参考方案。

作者

2020年11月

目录

第 1 章　研究问题及背景

1.1　引言

自 20 世纪 80 年代以来，随着我国改革开放和推进现代化进程步伐的日益加速，越来越多的农村剩余劳动力向城市转移，据人民网 2009 年 1 月 21 日，国家统计局局长马建堂介绍：2009 年根据抽样调查数据推算，我国总的流动人口规模 1.8 亿人左右，其中外出农民工是主体。在 2000 年，我国农村留守儿童大概有 2000 万人。根据 2005 年全国人口抽样调查，全国留守儿童大概有 7326 万人，其中农村留守儿童大概 5700 万人。而到 2010 年，全国农村留守儿童约 5800 万人。至 2013 年，我国现有农村留守儿童 6102.55 万，占农村儿童 37.7%，占全国儿童 21.88%。从上述数据我们能够得出一个结论，即农村留守儿童的数量呈逐年递增的趋势，随着我国城市化水平的程度不断推进，越来越多的农民会去城市工作，流动人口也更加繁多。因此，短期内农村留守儿童大量存在的社会现象不会消失，相反农村留守儿童会越来越多。随着流动民工队伍的持续扩大，流动人口子女数量也在不断增加。父母双方或一方流动到其他地区，留在户籍所在地而不能与父母双方共同生活的儿童，被称为留守儿童。

农村留守儿童规模庞大，他们的健康成长，不仅关系到每个农民工家庭的切身利益，更关系到城乡的统筹发展和社会的长期和谐与稳定。他们由于处于留守状态，在成长过程中不能直接得到父母的照料，亲情缺失，在安全、健康、教育、心理、品格等方面都不同程度地出现了一些问题。做好农村留守儿童工作，关系到数千万未成年人的健康成长，涉及千家万户的利益。关注和解决这一广大人民群众最关心、最直接、最现实的利益问题，将有助于推进我国和谐社会的建设。党中央、国务院历来都非常关心未成年人的健康成长，高度重视农村留守儿童问题。党的十六届六中全会通过《关于构建社会主义和谐社会若干重大问题的决议》。为解决农村留守儿童问题奠定了理论基础，指明了工作方向。国务院、有关部门和各级政府已经出台了一系列方针政策和规章。2006 年国务院下发的《关于解决农民工的若干意见》，以及随后召开的农民工工作联席会议，都强调加强做好农村留守儿童工作，解决好农村留守儿童问题。国务院领导人还批示："要高度重视农村留守儿童面临的各种问题，加强对留守儿童的保护、维权工作。"2009 年两会中，农村留守儿童问题是十大议案提案之一，人大代表们呼吁国家以立法的方式高度重视对农村留守儿童的保护。

伴随城市化的不断深入和发展，区域间的经济差距不断扩大，城乡人口流动的限制被打破，加之我国富余的农村剩余劳动力，我国各省市和东西部区域间的人口流动不断加快，数以千万计的农民从农村到陌生城市，从中西部经济欠发达地区到东部经济发达地区务工。而在此背景下，农村留守儿童毫无疑问成了社会的边缘弱势群体，因为，大量农民外出务工、经商的过程，也是农村留守儿童产生的过程，而农民工子女的教育问题主要表现为两种情况：一部分农民工子女伴随农民工一起进城，在农民工务工、经商所在地入学接受教育，这部分儿童被称为流动儿童；二是大部分农民工子女由于种种条件的限制，不能伴随着进城，而只有留在原籍入学接受教育。由于长期留守，农村留守儿童的教育问题势必给家庭、学校、社会、甚至给整个教育事业带来一系列消极的影响，这就直接导致农村留守儿童的教育问题成为教育研究的一个重要课题，对此作出积极研究定将有利于促进社会和教育事业的共同发展。

就现实的角度而言，留守儿童教育问题是三农问题的衍生物。农业投入回报率低，农民增收难是农民进城务工的主要原因，把子女留在家乡也是经济支付能力不足的被动选择，留守儿童由于缺少父母的直接关爱、管理和教育，加上委托监护人的能力有限，在道德品质、学习成绩和身心健康方面出现了诸多问题，这些问题不仅将直接关系到我国农村人口的素质，关系到农村青少年德智体美的全面发展，而且关系到国家各级各类人才的培养和全民族素质的提高，因此，解决好留守儿童教育问题是切切实实为农民办实事的重要体现。

农村留守儿童教育问题的解决关乎教育公平、社会公平。教育公平是社会公平在教育领域的延伸，它既是人类追求的美好目标，也是教育价值的重要体现，留守儿童是教育群体中新生的弱势群体，留守儿童教育问题解决不力，教育促进社会平等的功能将无从谈起。社会学家李斯特曾说：“随着社会的不断进步，教育将成为个体向上流动的主要途径，缺乏教育、教育失败将成为个体向下流动的基本原因”。农民工已经因身份限制在居住、生活、工作等方面付出了巨大代价，如果他们的子女也因此而失学或辍学，社会将为此付出高额代价，这种低素质人口的复制既不符合广大民众对教育这种根本利益的追求，也不符合党和政府对广大民众关于建设一个共同富裕社会的一再承诺。因此，只有解决好留守儿童的教育问题，才能减少留守儿童发展的曲折性，才能真正促进教育公平和社会公平。

党的十七大报告中明确规定坚持教育公益性质，加大财政教育投入，扶持贫困地区、民族地区教育，重点提高农村教师素质。十七届三中全会通过了《中共中央关于推进农村改革发展若干重大问题的决定》，其中提出了要大力办好农村教育事业的总体要求，同时也提出，要实现农村人人享有接受良好教育的机会的历史性任务。这是对农村教育工作提出的新的要求，作出的新的部署，为今后教育事业的改革和发展指明了前进的方向。中央的一系列文件表明农村留守儿童教育事业是中央和地方各级政府关注和集中力量发展农村教育，提高留守儿童教育质量的坚强决心，是农村留守儿童教育的坚实制度保障。十八大以来，党中央更加重视教育公平，国务院办公厅正式启动实施农村义务教育学生营养改善计划，把农村学生教育落到实处。各地也因地制宜结合实际搞创新，有的学校盖起了食堂并设了宿舍，让许多留守儿童可以入住校园集中管理，有力保障了贫困地区义务教育学生受教育的权利。

1.2 研究目标

近些年来，频繁出现的关于农村留守孩子厌学、逃学、辍学等各种问题，引起了社会各界的广泛关注。因此，本文从多角度对留守儿童的教育问题进行深层次研究，成为当前理论研究和实践探索的重要任务。研究对象主要锁定为安徽省的留守儿童这一特定群体，在了解他们受教育现状的基础上分析存在的一些问题，深刻剖析这些问题产生的各种原因并提出相应的对策，以期为解决我国留守儿童的教育问题尽自己一份微薄之力，并且希望能够引起社会各界对留守儿童这一特殊群体的广泛关注和重视，为他们提供更多的关爱和帮助。从不同视角对农村留守儿童教育进行系统研究，对留守儿童教育问题及其特点、影响因素进行探究，针对不同类型农村留守儿童，甄别他们面临的主要问题，旨在探寻改善农村留守儿童受教育现状的行之有效的良策，不断提高农村留守儿童教育实效性，为政府部门进行相关决策提供有价值的参考。

1.3　研究意义

本文通过对一些学者和专家已有调查报告和个案调查资料的进一步分析，试图真实地反映农村留守儿童的状况，并从教育人类学的角度就留守儿童存在的教育问题提出相关的建议，从留守儿童本人、监护人、家庭、学校及相关部门等多层面来综合探讨考察我国许多地区农村留守儿童在教育方面存在的问题及影响因素，并提出一些建议和意见，以期引起社会和有关学者的关注，为地方政府制定具体政策提供一些建议，有助于深入地认识农民工半城市化状态和农村留守儿童及其教育问题产生的真正原因。有助于政府、学校、家庭和社会加强对农村留守儿童教育问题的认识。

首先本文从现状和发展趋势探讨了农村留守儿童教育问题解决的紧迫性，引起大家的关注。其次，有助于了解农村留守儿童教育问题解决取得的进展并发现其中的问题，以利于工作的进一步开展。最后，本文根据农村留守儿童教育问题产生的原因以及当前解决农村留守儿童教育问题已具备的条件，提出具有针对性的建议，有助于加快问题解决的步伐，研究留守儿童教育问题现状，探寻其产生的问题、分析问题产生的原因并研究其对策。

1.4 问题陈述

为家庭教育的缺失、学校教育的失当、自我教育的缺陷和社会教育的不足，导致农村留守儿童在思想、学习、行为习惯、道德、心理健康和价值观等方面产生诸多问题。农村留守儿童的教育现状，成为当前国家和教育工作者急迫解决的新问题：

一、农村留守儿童教育的现状与问题是什么？

二、农村留守儿童教育问题的症结在哪里？

三、解决农村留守儿童教育问题的途径与策略。

1.5 研究范围与局限

本文以农村留守儿童为研究对象，以教育管理问题为落脚点，根据调查研究发现存在的问题，并对成因进行分析，最终根据公共管理基本理论探讨解决农村留守儿童问题的策略。第一部分是引言，概述研究的背景、目的和意义、目前研究的现状及问题的提出等。第二部分国内外文献的回顾，产生背景，农村留守儿童教育问题的存在的相关研究情况。第三部分就安徽省部分农村地区留守儿童教育问题所做的相关数据收集。第四部分是农村留守儿童教育问题现况分析。从安徽省部分农村留守儿童教育问题分析说明农村留守儿童生活、教育现况，查找农村留守儿童教育存在的主要原因并提出建设性的方案。第五部分总结概括本文的研究结果及研究的意义，针对结论提出建议。

农村留守儿童群体数量的持续增长，是城市化进程引起的发展问题，随着经济社会的发展还不断呈现出许多新特点和新问题，研究农村留守儿童教育问题就是立足当前形势，发现新问题、解决新问题的过程。本研究的创新之处即系统地、全面地总结了留守儿童教育所面临的问题及其原因，并在此基础上提出了社会、学校、家庭、个人多方联动解决农村留守儿童问题一系列的措施。在解决留守儿童对策上，重点论述社会方面，增加社会关爱，营造良好的社会氛围，将解决农村留守儿童问题上升为全社会的共同责任。

但是，农村留守儿童分布广泛，即使局限于一地，资料的获取不尽完善，对研究对象的分析不能更加深入，样本数据资料存在误差可能会与实际情况存有差距；在整个论文的写作过程中，笔者研究能力有限，分析留守儿童问题的实施措施未必成熟，在实践中没有得到过完整论证，很多问题的分析可能不够全面和完整，如何更好地根据实际农村留守儿童的教育状况发挥社会公共管理职能，尚需作进一步研究。

1.6 概念界定

1.6.1 留守儿童

“留守儿童和流动儿童有一定的差异，显然留守儿童是未随外出打工父母一起外出，而是继续留在了户籍所在地的儿童，流动儿童是随外出打工父母一起外出而离开了原籍所在地的儿童。”从现有的研究成果来看，尽管与农村留守儿童这一概念相关或相近的称谓不少，学界也始终没有一个统一的定义。有些学者把农村留守儿童和留守儿童相混同，忽略了城市留守儿童的存在，如姚云在其《农村留守儿童的问题与教育应对》一文中指出：“更多的孩子没有条件随父母流动到城市，只好继续留在农村，由自己的祖父母或其他亲戚照料。这类未成年的特殊群体被称之为留守儿童。”王秋香在其《家庭功能弱化与农村“留守儿童”社会化》一文中认为：“留守儿童是指农村流动人口（其中80%左右是农民工）在户籍所在地以外谋生，把其未成年的子女留在户籍地半年以上而产生的一个特殊的社会群体。”另外比较明显的类似概念的还有：“留守儿童”主要是指在我国农村，父母双方或一方流动到其他地区，而本人被留在家乡并因此不能和父母双方或一方共同生活的儿童。以上几种观点很明显都忽视了城市“留守儿童”的事实存在，对于研究留守儿童问题不免留下些许遗憾。其次，学者们在定义留守儿童年龄时段上也存在明显分歧，如吴霓课题组把“留守儿童”的年龄框定在6～16岁，认为“农村留守儿童是由于父母双方或一方外出打工而被留在农村，并且需要其他亲人或委托人照顾的处于义务教育阶段的儿童（6～16岁）”。周宗奎等也认为：“农村留守儿童指因父母双方或一方外出打工而被留在农村的家乡并且需要其他亲人或委托人照顾的处于义务教育阶段的儿童（6～16岁）。”而叶敬忠等则在其著作中这样界定“留守儿童”：“留守儿童”是指农村地区因父母双方或单方长期在外打工而被交由父母单方或长辈、他人来抚养、教育和管理的年满18周岁以下的儿童。此外关于“留守儿童”的概念还有：“所谓留守儿童，是指父母双方流动到其他地区，孩子留在户籍所在地并因此不能和父母双方共同生活在一起的14周岁以下的儿童。”可见，各学者对于“留守儿童”的年龄界定众说纷纭，各抒己见，因此也给人们概算“留守儿童”的数量造成了一定的难度。

1.6.2　家庭教育

家庭教育是儿童教育的重要组成部分，在教育体系中起着基础性的作用。家庭教育可以为孩子提供成长氛围，影响孩子的身心发展，对孩子早期性格的形成起着重要的作用，一般而言，家庭教育中，父母是孩子最好的老师，他们的言传身教对子女人格的形成起着润物细无声的重要作用，在当今社会，更强调核心家庭中父母在家庭教育中所具有的重要意义，因为这种家庭对儿童身心的发育、知识的增长、智能的开发和培养以及品德的陶冶和人格的形成都起着关键作用。

1.6.3　社会教育

所谓社会教育，有学者认为是指除作为学校的教育课程而进行的教育活动以外的，主要对青少年和成人进行的有组织的教育活动（包括体育活动和文娱活动）。社会教育有广义和狭义含义之分。广义的社会教育，是指旨在有意识地培养人、有益于人的身心发展的各种社会活动；狭义的社会教育，是指家庭教育和学校教育之外的机构、团体或组织，对社会成员进行的教育。本文所指是狭义的社会教育。社会教育直接接触社会层面，它比其他教育形式具有更开阔的活动空间，能对整个社会产生直接、有效、广泛的影响。它可以通过道德教育和政治教育等形式，促进社会进步与安定，从而弥补其他教育形式的缺陷。虽然社会教育在整个教育体系中处于次要和辅助作用，但它逐渐显示出独特的地位。

社会教育是国民教育体系中一个十分重要的组成部分，对于开启民智、提升民族的道德观念水平有着至关重要的作用，特别是对于青少年的社会教育，更是影响青少年健康成长的关键，国家和政府则是社会教育的主体，同时，社会教育本身具有长期性、复杂性、多样性和隐蔽性等特点，但是从整体上看，对整个社会教育的质量起着无可替代的影响作用，社会教育环境是指能够传输并且作用于民众社会信息的各种方式和途径的总和。青少年接受社会教育很大一部分是通过各种社会信息（包括同伴或成年人的言语行为）对青少年的影响而实现的，其途径主要有传统的课外书籍、杂志、报纸，电影、电视、广播、网络等，其中书籍、报纸、杂志等属于比较传统的信息传播方式，而影视、网络则具有鲜明的时代特征，尤其是网络，已成为青少年接受社会信息的很重要的方式。

1.6.4 学校教育

学校教育是指受教育者在各种各样的学校内部所接受的各种各

样的教育活动，是与社会教育相对的概念。学校教育由专门的组织机构和专职人员承担的目的明确、计划周密、以影响人的发展变化为直接目的教育活动。通常来说，学校教育包括初等教育、中等教育和高等教育。学校教育作为教育制度重要的组成部分，它对人的成长和发展起着重要和关键的作用。学校教育承接着家庭教育的不足，并且还要承担着传授知识培育人才的责任。

1.6.5　自我教育

自我教育是指作为主体的个人、自己对自己的教育，即把自己作为教育的对象的教育，对儿童而言，自我教育就是要让儿童学会自我认识、自我约束、自我克制、自我学习，从心理学的角度来看，初等教育阶段的儿童在心理上具备了开展自我教育的条件，道德层面上的自我教育，苏霍姆林斯基说：“一个少年只有当他学会了不仅仔细地研究周围世界，而且仔细地研究自己本身的时候；只有当他不仅努力认识周围的事物和现象，而且努力认识自己的内心世界的时候；只有当他的精神力量用来使自己变得更好、更完善的时候，他才能成为一个真正的人”从这个意义上讲，自我教育首先是道德层面上的教育，这就要尽力使儿童在社会的道德规范下，通过学校教育的直接或间接影响而对自我的提升。自我教育即是指作为个体的人，自我所进行教育的形式。作为教育的一种方法，要求教育者按照受教育者的身心发展阶段予以适当的指导，充分发挥他们提高思想品德的自觉性、积极性，使他们能把教育者的要求，变为自己努力的目标。要帮助受教育者树立明确的是非观念，能够区别真伪、善恶和美丑。要培养受教育者自我认识、自我监督和自我评价的能力。确保受教育者学会运用批评和自我批评这种自我教育的方法。

1.6.6 义务教育

《中华人民共和国义务教育法》规定“义务教育是国家统一实施的所有适龄儿童、少年必须接受的教育，是国家必须予以保障的公益性事业”。国家建立义务教育经费保障机制，保证义务教育制度实施，在农村建立义务教育经费的分担机制，由各级政府分项目、按比例分担。教育工作过程中应当结合学生身心发展特点，以德育为重，促进学生良好的行为习惯和思想品德，教育活动中家庭、学校和社会应相互配合。适龄儿童的父母或者监护人应当保证其按时入学接受义务教育，无正当理由违反规定的，进行批评教育并责令限期改正。

第2章 文献梳理及相关研究

2.1 相关文献梳理

2.1.1 国外相关文献梳理

2.1.1.1 关于父母对儿童发展影响的重要性

儿乎所有的研究都发现，父母受教育程度对孩子的教育获得水平都有显著正影响，即使在贫困和教育发展落后的地区也是如此。除去在小学阶段，母亲的教育对儿子教育的影响大于对女儿的影响，在其他阶段父母的教育对女孩教育水平的影响要比男孩的大；就父母对孩子教育影响的差异来看，在孩子是否接受初中教育上，母亲的教育水平对女儿有更大的影响，在其他阶段，父亲和母亲的影响没有明显的差异。Amato & Gflenh（1999）的研究显示，父亲的支持、鼓励和亲密对孩子的社会性发展、情感和心理健康均具有预测性。由此表明，父子关系的质量相对母亲的涉入对儿童的发展更具有影响力。Click and Sahn（2000）的研究发现，父亲教育程度的提高会提高儿子和女儿的教育程度，而母亲的教育程度只对女儿的教育有显著的影响。Kandel and Kao（2001）以及 Amuedo-Dorantes and Pozo（2006）研究指出，由于父母长期外出没有与留守子女生活在一起，不仅会对他们的身心发育不利，而且也通常会使他们不得不承担繁重的劳动或家务，从而对学习造成较为严重的负面影响，甚至导致辍学现象。很多关于国际移民对留守子女教育的研究（Borraz，2005；Bryant，2005；Edward and Ureta，2003；Kandel and Kao，2001；L6pez，2006）均表明，移民汇款能使得留守国内的子女获得更多的受教育机会，也有效改善了留守子女的生活与身体健康状况，从而有利于他们在校学习表现，但孩子的心理健康发展却存在很大问题。此外，日本的单身赴任所引起的子女教育问题也引起了学者的注意。单身赴任是指公司职员被调派到远处，家人不与其同行的一种社会现象，这种社会现象对夫妇关系，对子女教育和成长都有一系列较为负面影响。

2.1.1.2 关于亲属抚养方面

由于国情不同，未发现国外关于农村留守儿童的相关研究文献。国外学者主要考察国际移民对留守子女教育的影响，与我国留守儿童教育近似性研究体现在三个大方面：Martin L（1997）指出，由于家庭结构的非完整性，加之其他抚养人与父母在教育观念、文化水平、生活习惯等诸多方面存在的差异，可能对儿童的个性发展产生负面影响。“Oannison Smith, Mmy（1995）认为，随着社会的变迁，一种常见的社会现象表现为：父母由于某种原因而无法亲自照顾子女时，通常会将其委托给祖辈帮忙照顾”。Dannison（1998）研究指出，“父母外出对于孩子的情绪及行为方面较容易产生失落、愤怒、不安、拒绝和沮丧等不良情绪，而这些问题必须由儿童自己去面对，但教师可以采取适当的方法协助孩子加以克服”。NCP（1999）将亲属抚养分为三种类型，一是私人亲属抚养（Private Kinship Care），即由家庭本身解决抚养问题，社会服务机构不参与其中；二是亲属看护（Kinship Foster Care），即由社会服务机构在亲属中安置儿童，并且由法院监督亲属看护的情况；三是志愿亲属看护（Voluntary Kinship Care），指由社会服务机构在亲属中安置儿童，但法院不负责监督亲属看护情况。上述三种抚养形式都有自己的特点和缺陷，关于隔代教养的原因方面，Anan Beltran（2001）认为，儿童双亲外出、工作、或无经济能力（失业）等，使得祖父母在自愿或非自愿的情形下，负起照顾孩子的责任。Jennifer Ehrie&Rob Geen（2002）研究发现，6 ～ 17 岁亲属抚养儿童患有诸如社交恐惧、焦虑等严重问题的比例远远高于正常儿童；Hunt（2003）认为，由于代际存在的儿童忽视和虐待、滥用药物、糟糕的子女养育等诸多原因，亲属抚养儿童的安全状况非常令人担忧。Cynthia Andrews Scarcella（2003）通过调查发现，2002 年美国亲属抚养的儿童中，主要由祖父母抚养（占 59%），由姑妈、姨妈等抚养的约占 19%，22% 由其他亲属抚养，由于被抚养时遭受冷落和忽视，是导致儿童一系列行为与心理的问题的主因。美国儿童福利联合会（CWLA，2004）为应对被亲属抚养儿童不断增长的趋势，专门规范了亲属抚养（Kinship Care）的定义，即由亲属或者其他与儿童有血缘关系的成年人、养父母对儿童提供的照顾、抚养以及监管。加拿大相关研究数据（Esme Full Thomason，2005）表明，半数以上的祖父母已经退休，30% 面临不同程度的经济困难，40% 的祖父母每周照顾儿童的时间不到 5 小时。在一些发展中国家，由于子女外出，祖父母在经济上多为依附者，经济来源有限，加上社会福利并未提供适当的经济援助，不能起到促进、补偿作用的机制。

2.1.1.3 关于留守对策方面

鉴于没有和父母生活在一起的儿童普遍存在的一系列健康和心理问题，国外政府一般都通过法律形式给予亲属抚养家庭以及儿童提供一定的援助，包括提供住房，家庭抚养支持计划，健康服务，抚养人支持小组，被抚养儿童治疗小组，信息公告计划以及财政资助等等（Donna M.ButtS, 2005），用以降低亲属抚养给儿童带来的负面影响。国外学者主张采取多样化的抚养形式，既可以使得父母从中选择最适合自己孩子的抚养形式，也可从一定程度降低被抚养儿童出现问题的风险。美国政府为此颁布了许多政策，国外学者对这些政策执行的情况及其效果进行了相关研究，数据显示，82% 的祖父母抚养人和 83% 的其他亲属抚养人都知道获取社区援助的途径和方式；85% 的祖父母抚养人和 79% 的其他亲属抚养人都有医疗保险；81% 的祖父母抚养儿童和 80% 的其他亲属抚养儿童也享有医疗保险（Cynthia Andrews Scarcella et al, 2003），学者同时也发现，亲属抚养人可能会因为语言障碍，隔代问题以及移民身份等问题，在贫困家庭援助法案（AJANF，Temporary Assistanceror Needy Family）的执行中获益有限，如祖父母抚养人中，只有 29% 的人领取了补助，16% 的人领取了住房补助，43% 的人领取了食品安全补助。此外，亲属抚养儿童获取心理健康服务的比例也偏低，祖父母抚养的儿童中只有 19% 的人接受了心理健康服务，其他亲属抚养的儿童比例为 21%，亲属抚养儿童有权享有医疗补助，但只有 47% 的祖父母抚养儿童和 36% 的其他亲属抚养儿童取得了此项补助（Cynthia Andrews Scarcella et al, 2003）。瑞典政府专门颁布课后活动中心质量指导方针，将 12 岁以下在法律上尚处于特别保护年龄阶段的学童们组织起来，对他们实行公益性的课后看护，特别注意这种看护教育活动与其他教育机构以及社会各部门的沟通、协调、衔接与合作，促进儿童社会化等方面的发展，借以帮助解决单身母亲和双薪家庭的后顾之忧。

2.1.2　国内相关文献梳理

留守儿童的研究始于 20 世纪 90 年代初期，从 1994 至 2009 年，历经多年的探索历程，各类有关留守儿童的学术文章、新闻报道、公文文件、调查报告、引用的数据数量众多（中文期刊全文数据库共检索到 3148 篇），就研究领域而言，留守儿童问题主要涉及人口学、心理学、教育学、社会学等学科。

2.1.2.1　留守儿童教育问题原因探究

王艳波（2003）等指出，留守原因很大程度上是由于农村父母认为家庭经济压力大，想继续增加收入，从而选择外出打工或经商，但城乡二元结构使进城的农民工无法长期将子女带在身边给予照顾，或者农民工无法承担随迁高额成本，都成为留守儿童这一群体产生的背景。齐学红（2004）指出，留守儿童实际是三农问题的衍生物。彭大鹏等（2005）对留守子女问题进行了社会和政策因素分析，认为从家庭这个微观单位来看，留守儿童是由经济结构转换引起家庭功能失调或错位所致。叶敬忠（2005）认为，农村学校教育存在诸如课程体制、目标、结构、内容等与农村实际脱节现象，在实施教育过程中由于种种原因无暇更多关注留守儿童，加之普遍片面追求学习成绩的倾向，势必会影响儿童的全面发展。周宗奎（2005）通过调查指出，农村留守儿童教育实际上与农村基础教育存在的其他问题（如师资力量薄弱、班级过大、办学条件差等）相互交织，并相互影响。杨菊华、段成荣（2008）指出由于受到城乡分割的二元社会经济结构和自身经济条件的限制，那些进城务工的青壮年农民工很难解决子女在城市接受教育的问题。

2.1.2.2　父母外出打工对留守儿童学习影响的研究

蒋忠等（1998）最早提出了留守儿童的学习成绩与父母的分居有直接关联。朱科蓉、李春景、周淑琴（2002）选取了江西、湖南、河南三省的初中二年级和小学四年级作为调查对象，研究结果发现父母外出打工的儿童与父母在家的儿童相比学习成绩并没有差异。吴永胜、喻本云（2004）通过对四川某乡镇中心小学的调研指出，91 名留守儿童，仅有 3% 的人成绩优秀，10% 的人成绩较好，42% 的人学习成绩中等偏下，45% 的人人成绩较差。吴霓、于杰（2004）指出，由于留守儿童长辈自身的文化水平不高，以至对留守儿童本身的学习介入过少导致他们学习问题的出现。王东宇、王丽芬（2005）通过调查认为，父母外出打工的留守儿童大多数能体谅父母的艰辛，并将对父母的思念、感激变为学习动力，学习自觉、上进、表现良好。

2.1.2.3　家庭教育缺失对留守儿童行为影响方面的研究

龚建平、何奕敏等（2004）指出，在隔代教育中，祖辈们较多地采用溺爱的管教方式，只求物质、生活上的满足，而缺少精神和道德上的管束和引导。张艳萍（2005）在研究中指出，留守儿童操行得分等级为差的比例明显高于其他儿童。叶敬忠等（2005）指出，农村劳动力外出务工给留守儿童的影响是多方位的，但总体来说，负面影响相对较大。李庆丰（2006）通过对留守儿童和非留守儿童社会行为的比对研究发现，父母外出对低年级儿童的社会交往活动及社交技能的负面效应较大，而对初中学生的社会交往行为及社交技能并无显著影响。蒋平（2008）认为，由于父母不在身边，监护人由于传统伦理道德纲常的束缚，很少给留守儿童青春期性教育的相关知识，其边缘性行为以及实质性行为发生概率增加。因此，留守儿童青春期性教育应当引起家庭、学校、社会和地方政府的高度重视。

2.1.2.4　留守儿童的情感及心理问题研究

大多数相关研究都表明，由于亲子互动中都或多或少给留守儿童心理健康抹上阴影。吴霓、丁杰（2004）研究认为，随着年龄的增长，留守儿童会因为家庭的欠完整而对生活的满意度降低，同时表现出对家庭经济、安全等的忧虑，内心压力大。杨炯、王莹（2004）指出长期的亲子分离使留守儿童对关怀的渴求得不到满足，缺乏感情交流，一些不良情绪如愤怒、失落、焦虑、担忧等得不到排解，长期积累，形成了留守儿童孤僻、内向的性格倾向；黄爱玲（2004）通过访谈定性研究发现一些留守儿童已经出现了个性发展问题。张鹤龙（2004）研究认为，初中阶段留守儿童的情绪更多地受朋友、父亲、教师和母亲四个方面的影响。王东宇等（2005）采用标准化心理量表对留守儿童以及对照组的研究发现，父母与孩子分离时间的长短，代养人的教养方式，留守儿童的性别、年级以及是否与兄弟姐妹生活在一起是影响留守孩的心理健康的重要因素。黄小娜、吴静、彭安娜等（2005）认为母爱缺失会使孩子心理缺乏稳定感，将产生情绪和人格上的偏异或障碍；父亲给孩子带来安全感、权威、崇拜、勇敢和坚强等，缺失父爱的孩子比正常的孩子更易出现心理和行为上的适应不良。

2.1.2.5　留守儿童思想道德及犯罪问题研究

大量相关研究表明，由于父母管教缺失为留守儿童的越轨行为创造了条件。陆世祯（2004）认为，农村留守儿童远离父母，他们在身心、教育、文娱等方面的权益均遭到不同程度的侵犯，特别是思想道德教育的缺失更为严重。范先佐（2005）认为，由于得不到父母的亲情、关照和教育，缺乏良好的家庭教养氛围，留守儿童在行为习惯上易发生消极变化。罗宗祺（2005）通过调查指出，31%的留守儿童平时有说谎的习惯，有过偷人钱物的经历，如果不能得到父母在思想认识及价值观念上的帮助，他们极易产生认识、价值观念上的偏离，有的甚至做出与国家法律法规不相符的事情。谢太平等（2008）调查表明，在一些地区，二无一未（无学上、无工打、未成年）的青少年的犯罪案件中，农村留守儿童占全部案件的40%以上。

2.2 相关研究

2.2.1 国外相关研究现状

国外没有实行城乡二元体制，国外领养儿童的研究与我国农村留守儿童问题的研究在许多方面有相似之处，国外的研究成果值得我们参考借鉴。美国在2004年领养儿童超过50万人，除此之外还有许多属于临时寄养的儿童。这些儿童由于种种原因如家庭暴力、父母犯罪、被遗弃、双亲去世或遭遇其他家庭危机而被领养。领养儿童不但要忍受以往的痛苦经历所带来的心灵创伤，有些仍然遭受歧视或承受着贫困压力。Jennifer Ehrle和Rob Geen（2002）指出，11%的6～17岁的领养儿童在行为或心理上存在严重问题（比如烦躁、焦虑和社交恐惧），这一比例高出正常儿童许多。基于这些留守儿童强烈的无存在感、无被认同感和无人关心的感受，使得他们在学校的表现远远不如正常的儿童，因而教育时间也自然会随着减少。Kevin James Swick（2007）认为关爱是解决儿童暴力倾向问题的有效途径。让孩子从小在一个充满爱的环境中长大，他们将表现出更为积极和乐观的人际交往能力，并能获得的人际关系更加和谐。培养领养儿童关爱他人的良好品质，养父母要努力构建充满爱的家庭氛围，培养孩子关爱他人的好习惯，同时养父母应以身作则，用自身的爱去感染孩子。

2.2.2　国内相关研究现状

2.2.2.1　国内父母外出打工对留守儿童学习影响方面的相关研究

蒋忠等（1998）最早提出了与父母长时间的分离会直接影响到留守儿童的学习成绩。（朱科蓉、李春景、周淑琴，2002）以三个省的留守儿童为样本，研究的结论是留守儿童与非留守儿童的学习成绩落后与否并不受家长外出工作的任何影响。吴永胜、喻本云（2004）通过对四川某乡镇小学实践调查，并用数据来引证，接近100名留守儿童中，学习成绩优秀的不到5%。一半以上的人学习没热情，较差劲，与中等偏下者平分秋色。吴霓、于杰（2004）指出，其一，双亲外出由祖辈隔代监护的留守儿童家庭中，由于其祖辈自身思想落后，文化素质较低，无法对留守儿童的教育进行正确的指引和教导；其二，即使有一方单亲在家的留守儿童家庭，其父亲或母亲无法将精神和精力完全用在孩子的教育问题上，取而代之更多的是他们在为整个家庭的生活和将来奉献。范先佐（2005）的也赞同类似观点：全国留守儿童的成绩之所以会很难上升，和这种家庭解构的变化有很大关系。

2.2.2.2 农村留守儿童教育问题研究

第一时间的关心和呵护，其父母也不能尽到除老师以外第一启蒙教师应该负的责任，同一时期又很难找到可以完全取而代之全方位的监管人，种种原因会促成没有进入社会的留守儿童从小就对外面的社会现象产生心理疏远和价值的相悖，对学习毫无兴趣可言，对同学和老师冷漠、不团结，性格孤僻乃至最终误入歧途。来自谢太平（2008）的实践调查表明，在一些偏远地区“三不好”——学习不好，工作不好，做人不好的——青少年犯罪调查中，留守儿童占到了一半。虽然现成的文献写作和大量成果为笔者开展的课题提供了有效的参考，但是其中也存在多方面的弊端。一是研究的假想主观性太强，基本上是带着作者本人的思想假设为背景来进行研究，在研究规划的资料汇集、数据模型和处理方面，其得出的结论无法用客观事实来证明；二是研究对象主要是以普遍现象为主，而欠缺个别典型的案例；三是研究的角度没有遵从多元化的方法，结合当前政治和经济的角度极少，主要是按照以前教育、心理和社会学的角度来分析。

2.2.2.3 国内留守儿童的感情心理问题相关研究现状

种种类似研究表明，与双亲的情感交流减少，分居两地的生活多少会对留守儿童的身心笼罩阴影。（吴霓、丁杰，2004）认为，“留守儿童基于家庭的不完整而对生活满意度降低，随着年龄的增长愈发明显，且表现出对家庭内忧外患等的焦虑心理”。黄爱玲（2004）通过访谈式的定性总结，针对留守儿童成长过程中出现的问题，其后期已经逐渐发展成两种趋势：第一种为主动出击型，表现为不能控制自己的脾气，打架闹事，不达目的决不会善罢甘休；第二种为回避型，这种类型的留守儿童无论在身体、心理、社交、健康方面都显得胆小怕事，严重者则为冷漠、抑郁、畏首畏尾、拒绝与陌生人来往等各方面人格障碍。“祖辈监护型的留守儿童渴望亲人的关心，心理上希望被理解和关注，而父母对其若隐若现的感情极易让其极度没有安全感，容易产生认识、价值上的偏离，人格、心理发展不健康，形成扭曲的性格，怕受打击”（李雯，2005）。姚计海、毛亚庆（2008）通过对西部几个省市的调查，其中包括实地调查 8627 名农村留守儿童得出的结论是，由于小孩子会形成天生依赖父母的习惯，若是父母双方都外出打工，从小就没父母陪伴在身边的留守儿童还相对独立一些，如果仅仅是父母单方外出，留守儿童的学业或是心理上显得非常脆弱，对另一方长久不见的单亲会陷入想象之中，性格缺陷也突出一些，前者的学业明显优于后者。李永义（2008）指出，留守男孩在其成长过渡的关键时期若没有父母的正确教育和指导，其心理和身体反应要远远大于留守女孩，尤其是母亲单方外出带来的不良影响。

2.2.2.4　国内留守儿童思想道德教育及犯罪问题相关研究现状

大量分析研究明确显示，父母教育不力，管教无方法无形之中为留守儿童日后的出轨行为提供了前提。陆世侦（2004）认为，从小和父母分居两地，使得留守儿童在教育、心理、文化和娱乐等各方面的合法权益遭受到或多或少的侵犯，思想道德的滞后性特征日趋明显。范先佐（2005）认为，留守儿童的不良行为甚至日后走上犯罪的深渊，不是与生俱来的天性，这一恶习主要源头还是在于其从小父母就离开身边，并且不能及时给予他们满满的家庭温暖和教养氛围，只顾着所谓的生活，忽略对他们人格的塑造和个性的培养，而让他们从不遵守校纪，行为不端正，拉帮结派逐渐演变为性质恶劣的吃喝抢赌的不归路。孙宏艳、李庆丰（2009）等人也曾经提到过，处于身体心理和学习成长的过渡时期，人格的塑造时期的留守儿童因为得不到远在异地的父母在其有困难时的关爱，往往会偏离其正常轨道进行。

2.3 本文研究的概念框架

本文从多角度对留守儿童的教育问题进行深层次研究，指明研究的目的与意义，在专家学者研究的基础上找出理论支撑，了解农村留守儿童教育问题的现状与问题，深刻剖析这些问题产生的各种原因并提出相应的对策，以期为解决我国留守儿童的教育问题尽自己一份微薄之力，并且希望能够引起社会各界对留守儿童这一特殊群体的广泛关注和重视，为他们提供更多的关爱和帮助（图 2-1）。

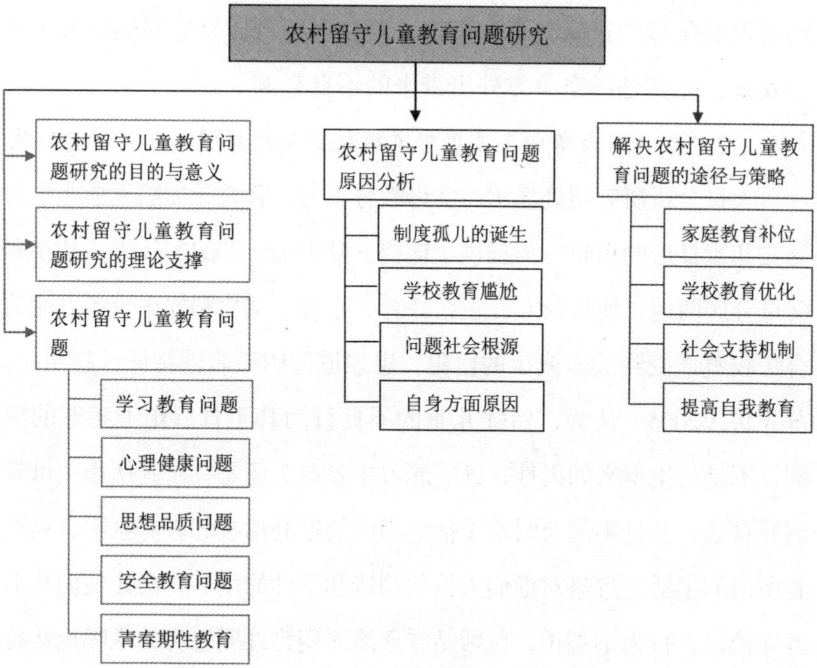

图 2-1 本文研究的概念框架

第3章 研究方法、资料来源及本文的构架

3.1 研究方法

农村留守儿童教育问题研究，在总体上采用理论与实证并举的研究方式，既强调理论上的创新，又注重实际的可操作性。用文献研究与比较研究的方法收集国内外有关留守儿童与儿童教育问题的理论研究文献，通过中外比较研究，借鉴发达国家及部分权威的研究文献资料，结合安徽农村部分地区留守儿童教育问题的实际情况，对形成原因做了深入分析并提出解决方案。

文献研究法与调查研究法：本研究主要采用了文献查阅和实地调研两种研究方法，由于本文集中于城镇化进程中农村留守儿童教育问题的解决，所以首先通过文献资料的查阅，宏观地把握研究的现状以及农村留守儿童教育问题的整体状况，再通过实地的调研了解农村留守儿童教育问题解决取得的进展，存在的问题以及产生的原因，最后结合实际条件提出相应的对策建议，从理论和实践的角度分析原因，为构建农村留守儿童的家庭支持系统、学校支持系统、社会支持和自我教育系统提供参考。

问卷调查法与个案研究法：在实地进行问卷调查，采集样本

数据资料进行直接分析，较为直观掌握农村留守儿童生活学习状况、心理情况等，进而了解他们的生活、心理、教育、安全等各方面的需求，有针对性地提供基本公共服务解决之策。我所采用的问卷分为四类：留守儿童问卷、非留守儿童问卷、普通农民工调查问卷和进城农民工、社区及教育工作者调查问卷，这些问卷主要用于了解每个群体的生活现状或对一些问题进行主观判断。所有问卷都是对被调查者进行当面访谈，并由被调查对象回答填写完成。按照随机抽样的原则，同时为了确保研究的科学性，本次调查在安徽省庐江、池州、宿州、阜阳、安庆、芜湖的6个乡（镇）10个调查区选取调查对象，取得调查数据，并对有代表性的个案进行分析研究，以期为后继的研究提供一些有启发性的思路和有价值的方向，为判断留守儿童教育问题出现的原因分析提供了理论依据。

访谈法与观察法：在实地调查过程中通过访谈、观察农村留守儿童及监护人，与从事农村留守儿童教育管理收集第一手资料，访谈的内容主要围绕留守儿童在家庭、在学校的学业、生活、心理、安全等方面进行。观察法主要用于了解农村留守儿童的生存、生活现状，以及研究地区的经济、资源、文化、环境等方面的现状。

定性研究方法与定量研究方法：选取留守儿童的个案样本，对潜在的内在性质和动机的一个定性分析理解，获取对留守儿童教育问题的初步结论。通过对有代表性的留守儿童个案研究分析，将结果从样本推广到所研究的总体从而找到解决问题的根本所在。

3.2　数据的收集

本文的数据收集方法可概括为调查收集、问卷调研和专题讨论相结合方法。即首先通过收集专业学术网站、学术报刊和专业机构的数据，获得该研究领域的主要数据，并向公共服务组织、公共服务对象、公共服务研究机构等发放调研问卷。通过对调研问卷取得的数据进行归纳整理，研究分析农村留守儿童问题成因、农村留守儿童教育的现状、治理农村留守儿童的对策模式和路径等。在此基础上通过专题讨论数据等途径，结合国内外的先进经验、发展趋势以及解决留守儿童对策的分析探讨，对农村留守儿童的教育现状相关理论研究进行丰富充实。

3.2.1　调查收集数据

本文的数据部分来源于权威的学术网站、学术报刊（比如中国高校系列专业期刊、中国公共管理系列专业期刊等）、国家相关机构的调查成果，论文所涉及的所有数据均有来源，具备真实性、可比性和可验证性。

3.2.2　问卷调研数据

3.2.2.1　问卷调研的对象

问卷设计过程中首先确定了调研对象为教育工作者、农村留守儿童、相关农村社区工作人员等，进而本着主题相关、简洁明了、定量准确、方便礼貌等原则，经多次讨论及征求专家建议，笔者设计了农村留守儿童教育问题调研问卷5种，在此基础上确定了具体的调研问卷发放范围和单位：包括安徽省庐江、池州、宿州、阜阳、安庆、芜湖的6个乡（镇）10个调查区的教育机构、政府机构、学校、乡政府、社区、部分农村组织单位、非政府组织等相关人员调查数据，其中政府部门7个，农村中小学10个，社区3个，农村组织单位5个，非政府组织9个。

3.2.2.2 问卷设计的内容

本文所设计的调查问卷是在解决农村留守儿童教育问题对策模式和路径研究的基础上进行的，具体研究留守儿童现状和存在的问题，影响留守儿童教育的主要因素，国家、社会、学校、家庭等对留守儿童这一社会问题所负有的责任等相关问题，抽样分布既考虑了数据的覆盖性，又充分考虑到不同研究层次之间数据的内在联系。

3.2.2.3 调研问卷的回收

本文在研究过程中借助熟悉的人脉资源，由笔者亲自或委托相关学校工作人员共发放问卷3000份，回收问卷2815份，回收率93.8%，见表3–1。

表3–1 调查问卷回收情况统计

问卷对象	发放数量 / 份	有效答卷 / 份	回收率 /%
留守儿童	2000	1843	92.2
教育工作者	300	296	98.7
监护人及农民工	300	292	97.3
社区	100	94	94

续表

问卷对象	发放数量 / 份	有效答卷 / 份	回收率 /%
其他	300	290	96.7
总计	3000	2815	93.8

第4章　农村留守儿童教育问题研究

2004年至2005年，在中国出现了一个很新却很吸引人的词汇，这个词汇指向一个独特的社会群体，那就是“留守儿童”。2004年春季新学期开学之际，中国各主要媒体都大规模地报道了留守儿童在学业、生活及性格培养等方面面临的困难和问题。2004年5月31日，教育部专门召开了研究农村留守儿童问题的“中国农村留守儿童问题研究”座谈会。指出：“党中央、国务院领导非常关注农村留守儿童问题，教育部将加大研究力度，广泛听取专家的意见，共同努力做好留守儿童的教育工作”。[1]不少专家呼吁，随着社会经济的不断发展，儿童留守的比率会越来越大，各级政府及相关单位应加大精力关注留守儿童的生活现状，为这批社会弱势群体提供帮扶，社会的发展进步的代价不能让孩子扛起，不能让留守的天空总是阴霾，家庭、学校、社会、个人都有责任肩负起明天的希望。笔者在前人研究的基础上再加上走访调研了部分农村学校，了解了农村留守儿童的教育现状问题，探寻问题产生的原因试找出解决问题的基本之道，确保留守儿童的明天不再孤单。

[1] 中央教科所教育发展研究部．切实重视和加强农村留守儿童教育问题研究——中国农村留守儿童教育问题研究研讨会综述 [Z]. 内部报告 . 2004.

4.1 农村留守儿童的教育问题

4.1.1 学习教育方面的呈现问题

4.1.1.1 学习目的不明确

4.1.1.1.1 监护上乏力，不利于培养留守儿童的学习自觉性

家庭是儿童成长的第一空间，父母是孩子的第一任老师，家庭环境从基础上决定了儿童社会化的程度与方面。在家庭环境中，父母或监护人的言传身教、生活方式、教育方式及受教育程度等都会导致对孩子的教育选择上的差异。从走访调查的安徽各乡镇留守儿童的现状看，留守儿童的监护人受教育的程度总体不高，农村留守儿童正处于学习的黄金时期，本应在良好的家庭和社会环境中接受完整的教育，在学业上不断取得进步，但由于得不到家长的有效监管，不能起到很好的监护作用。隔代亲人监护人及亲戚监护人表示“只能照顾留守儿童的生活，别的管不了”，也有的监护人表示“想辅导学习，但自己的文化素质低，心有余而力不足”。留守儿童的临时监护人将其临时监护责任理解为“能管理好孩子的温饱和安全就行了”，因而普遍存在着“重吃穿、轻情感，重身体、轻心理”，忽视孩子的心理健康和全面发展，对留守儿童的思想、道德、学习方法、行为习惯没有加以足够的重视、引导和培养。即使是“单亲监护型”，即父母一方在家，由于要承担全部的体力活人家务劳动，也很少有时间去关注

孩子的学习和思想，认为教育是学校老师的事。而心理学研究表明，一天当中与父母接触时间不少于 2 个小时的孩子，比那些一个星期与父母接触不到 6 个小时的孩子相比，智商明显要高。事实的确如此，从回收的问卷中看出，90% 的小学生感觉父母外出，自己在学习上最大的困惑是没有人能督促自己的学习和辅导功课。这样，非常不利于培养留守儿童学习的自觉性。笔者通过对安徽省安庆望江县漳湖镇、阜阳临泉县铜城镇、庐江矾山镇、宿州泗县山头镇等乡镇的农民工外出情况的访谈调查，具体见表 4-1、表 4-2，农村留守儿童呈现出以下特点：①边远山区农民外出务工比例较大，如山头镇。也就是说，距离城市越远，留守儿童人数越多。②农村留守儿童人数多，部分学校最高比例达到学生总数的 56.3%。③父母双方外出务工占主流，其中永安中学父母双方外出务工的占留守儿童总数的 64.4%。

表 4-1　农民外出务工所占比例

抽样单位	父母双方外出打工比例 %	父母单方外出打工比例 %
安庆望江县漳湖镇	34.8	18.2
阜阳临泉县铜城镇	40.5	14.6
庐江矾山镇	51.9	13.4
宿州泗县山头镇	56.3	18.8

表 4-2　在学校学生的留守儿童比例

抽样单位	学生数	留守儿童		父母外出打工		父母单方外出打工	
		人数	%	人数	%	人数	%
中州中学	450	218	48.4	124	56.7	94	43.3

续表

抽样单位	学生数	留守儿童		父母外出打工		父母单方外出打工	
		人数	%	人数	%	人数	%
永安中学	490	263	53.6	169	64.4	94	35.6
矾山中心校	1370	610	46.67	335	54.9	275	45.1

4.1.1.1.2 学习上乏力，不利于农村学校的控流保学工作

农村留守儿童很难养成良好的学习习惯，经常发生拖欠家庭作业、逃学、辍学等现象。据调查统计，在阜阳市农村学校中6～17周岁的留守儿童在校率达57%，在初中缀学学生中，留守学生所占比例较高，达96%以上。在被调查学校中，成绩中等偏下和较差的所占比例达54.7%—76.8%。特别值得关注的是，部分留守学生厌学情绪严重，成为流失学生中的新群体。从调查的几所农村中小学的抽样调查（表4–3）中发现，留守儿童在学习成绩方面与非留守儿童存在很大差距，初中阶段的留守儿童学习成绩的平均优秀率不足4%，小学阶段不足12%，而非留守儿童初中阶段则达12.5%，小学阶段达18.5%。在学习方面的这些差距表明，此年龄段的儿童正处于独立人格逐渐形成的关键时期，学习的自觉性还没有稳定地养成。因此，父母的监管、关爱及提供相应的条件是孩子学习进步的重要前提。从表4–4中可以看出，只有少部分留守儿童在学习上有较强的自觉性和内驱力，他们深感自己的父母在外挣钱的艰辛，立志以优异的成绩来回报父母，因而学习相当刻苦。但绝大部分留守儿童学习成绩普遍偏差，总体居于中下水平。这部分学生如能勉强跟上班，他们才会继续读书，一旦跟不上班或得不到最起码的关爱和尊重，他们就会放弃学习，成为辍学群体，流入社会。而临时监护人也只能作罢。因学习上产生困惑而导致厌学、逃学，进

而辍学，使得留守儿童的流失率偏高。这一点，从全市农村各中小学各年级的班级数以“金字塔”式缩减设置和表 4-2 就可以看出，特别是中学阶段，流失更大。学习目的模糊，呈现多样化趋势；父母双方或单方外出后，与孩子的联系减少，沟通方式单一，使得家庭初级群体对子女的教育和影响功能大为削弱；代理监护人监护能力不强，家务负担重，他们没有时间去督促留守儿童的学习，有的是没有能力来辅导，所以留守儿童在学习上常常会出现一些问题。这些问题主要有：学习目的模糊、学习态度不端正、学习习惯较差、学习动力不足，不能按时独立完成作业，学习成绩不理想。有的留守儿童完全是在学校混日子，有的则干脆辍学早早走上打工之路，曾经有学者研究比较后发现，在义务教育阶段，农村留守儿童的学习问题在不同阶段的严重程度是不同的：在小学阶段留守儿童教育状况良好，而初中阶段的留守儿童教育问题比较明显。很多留守儿童比较懂事，知道父母在外挣钱不容易，一定要好好珍惜来之不易的学习机会，不辜负父母的期望，努力学习，用自己的学习成绩来回报父母；还有的留守儿童是为了挣钱而学习，他们主要受社会上金钱之风的影响。

表 4-3　农村留守儿童的学习成绩情况（以 2012 年上学期初中九年级、小学六年级成绩为例）

抽样单位	留守儿童			
	优秀 %	良好 %	合格 %	差 %
中州中学	5.6	11.6	15.8	67
双庙中学	5.2	19.9	20.2	54.7
永安中学	1.5	8.5	12.3	77.7
春秋中心校	11.5	20.5	13.8	54.2

续表

抽样单位	留守儿童			
	优秀 %	良好 %	合格 %	差 %
张店中心校	11.8	15.6	25.9	46.7
浃南中心校	12.5	21.5	23.2	42.8

农村留守儿童教育存在的主要问题受观念的影响，把学习的动机定位在赚钱上，这也是家长用金钱补偿情感带来的后遗症，对安徽部分农村中小学留守儿童学习动机的访谈问卷调查中，只有 20% 的留守儿童是为了学习科学文化知识，还有少数留守儿童是为了混文凭，极少数留守儿童根本就不知道为什么学习，那就只能在学校混日子了，当然这个调查只是个局部调查的显示，也许不能全面反映全国所有农村留守儿童学习状况，但至少可以说明有些地区的留守儿童学习动机不明确，见表 4–4。

表 4–4　留守儿童学习动机调查表

学习动机	所占比例 %
为父母而学习	38
为挣钱而学习	29
为了学知识	20
为了混文凭	11
其他目的	2

4.1.1.2　*学习缺少动力，学习兴趣不浓*

根据对安徽农村 6 个乡镇 10 所中小学留守儿童的问卷调查及走访，有很多留守儿童认为读书无用，他们认为自己的父母没读多少书也能挣钱，有的甚至还是大老板；有的留守儿童认为，父母不关心自己的学习成绩，只要听话就行，长大了可以去打工、做小生意等；还有留守儿童感觉学习非常困难，听不懂老师在讲什么，没什么意思，不喜欢被关在教室里，一点自由也没有；还有少数留守儿童认为老师讲课太空洞，不能吸引自己；有近一半留守儿童却对如何赚钱很感兴趣，他们普遍认为钱越多越好。从留守儿童的整体情况看，在小学阶段的学习兴趣相对于初中来说较为浓厚，学习成绩和在校表现大部分都是比较好的。但是所有“问题儿童”中，留守儿童所占比例较高，其主要表现为：行为习惯差，控制能为差、生活不规律、喜欢乱花钱，在家里不听从教导、顶撞祖辈、我行我素。

案例：林 ×，男，8 岁。

林 × 是一个成绩较差有点厌学，但心地善良的小男孩。上课时他很少发言，有时不是啃他的手指甲就是呆呆地坐着，不知在想些什么。每次作业总是字迹潦草，有时还不能及时完成。而且，最近书写越来越慢，成绩也越来越差。针对这个情况，班主任和数学吴老师决定对他进行一次家访，希望能够联合家长的力量一起帮助他取得进步。别的孩子听说老师要去家访，都开心得不得了，提前几天就让父母做准备。可老师还没去家访，刚跟林 × 说了一下，没想到他的眼泪就掉下来了。看来，他也知道自己学习中的现况。老师更下定了决心摸清他心里的想法，对症下药。经家访，林爷爷向老师们反映了一些他家的情况：孩子很小时，爸爸妈妈便离异了，林 × 跟了爸爸。近些年来，爸爸在外打工，很少回家，只负担林 × 的生活费用，爷爷就在家照顾他的生活。爷爷年纪大自己也需要人照顾，还要照顾他，看了他的作业，发现了字迹潦草，学习也不够理想，但苦于自己也是力不从心，无法辅导他的学习，管不了他。林 × 的情况老师看在眼里也是无比心酸，一方面和爷爷商量今后仍要多监督他在家认真完成作业，也要多鼓励他的每一点进步。这是一个典型的留守儿童家庭，孩子和爷爷住在一起，家庭条件差，爸爸长年不在家，只是给孩子一点生活费，孩子常年见不到父母，爷爷根本辅导不了，也帮助不了他，造成他行为习惯不好，对学习也没有了兴趣。

4.1.1.3 学习自觉性差

农村留守儿童没有解决学习上的思想认识问题，学习动力不足，这将直接影响到留守儿童的学习积极性，学习态度不端正，学习不自觉便成为自然的了，儿童自制力弱，自立自理能力较差，部分留守儿童纪律涣散，养成了不爱动脑筋、抄作业、花钱雇人做作业等不良学习习惯，再加上委托监护人，尤其是祖辈，他们无力监护，对孙辈宠爱有加，使一些孩子养成贪玩的习惯而不好好学习。笔者通过对安徽省六安舒城春秋小学、春秋中学，宿州泗县山头镇张店小学，芜湖无为泶南小学访谈调查，结果显示（图4–1），留守儿童要求自己学习达到优秀的占 21.37%，小于非留守儿童的 22.67%；尽自己最大努力的留守儿童占 70.16%，小于非留守儿童的 70.65%；顺其自然的留守儿童占 8.47%，大于非留守儿童的 6.68%；对留守儿童的访谈也显示，大部分留守儿童对自我学习的要求即尽自己最大的努力，这主要表现在缺乏自觉性。究其原因，一是由于长期缺少父母的监督指导，放任自流，祖辈因为文化程度低，大多属于文盲，对孩子的学习辅导更是力不从心。加之祖辈的溺爱，使一些孩子养成了贪玩好要的习惯而不想学习。二是部分“留守儿童”自制力较弱，自立、自理能力较差，纪律涣散，养成了不爱动脑筋，抄作业、花钱请人做作业等不良行为，更不用说自觉学习了。当然，也有少部分“留守儿童”自主学习的能力较强。据统计，女生普遍比男生的学习自觉性强。一般来说，女生更注重情感，更能体会父母外出打工的艰辛，因而在内心形成一股无形的力量激励自己去学习；男生容易受周围环境的影响，受其他同学的干扰。因而成绩较差、纪律性不强的大部分是男生。

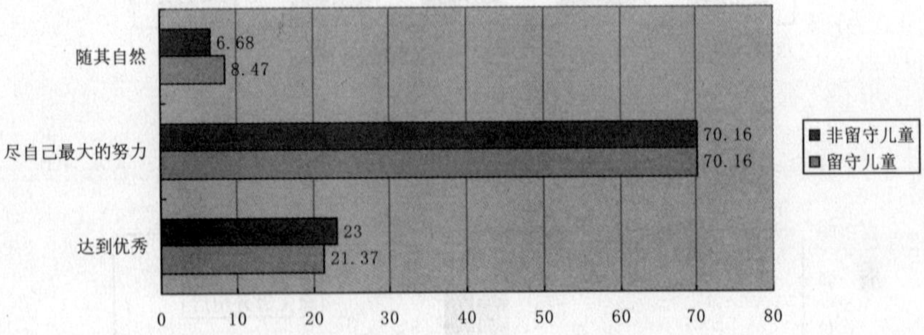

图 4-1　农村儿童对自己学习的要求

4.1.1.4 学习成绩不理想

从大范围来看，留守儿童的学习成绩普遍不理想，厌学、逃学、辍学现象比较严重。通过调查还发现，有的留守儿童学习成绩本来很好的，可父母外出打工后，尤其是升入初中阶段后，成绩明显下滑，留守儿童学习成绩的问卷考察，主要是根据留守儿童对学习的自我认知，对自己的学习成绩进行大概的估计来进行。笔者调查发现，总体上留守儿童与非留守儿童的学习成绩没有太大的差别，但留守儿童在上等和中上等成绩少，而在中下等和下等则多为留守儿童，如图 4-2。随后，笔者对留守儿童在父母外出务工前后的成绩进行了对比，如图 4-3。

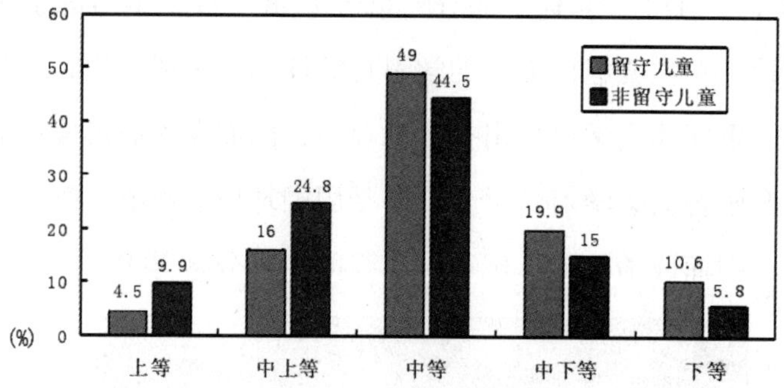

图 4-2　留守儿童与非留守儿童的成绩对比情况

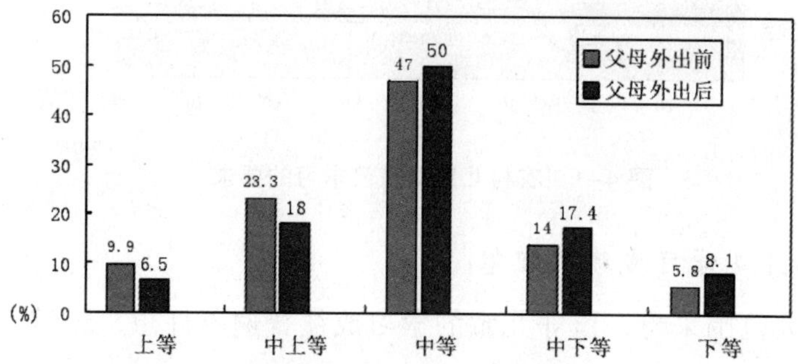

图 4-3　留守儿童父母外出前后成绩对比情况

结果表明，从总体上看，留守儿童现在的成绩和父母外出务工以前相比呈现了下降的趋势：在班上排名，上等和中上等的人数有所下降，中等、中下等和下等的人数增加了一些。由此看出，在父母外出务工后，部分留守儿童的学习成绩出现了下降，父母的外出务工对其学习带来了一定的影响。父母的外出务工，不仅使留守儿童少了一个生活上的照顾者，也使他们在学习上缺少了一个好帮手。尽管由于文化水平的限制，不是所有学生家长都能辅导孩子的学习，但对于那些父母受教育程度较高的留守儿童来说，父母的外出，确实使留守儿童失去了很好的辅导机会，对他们的学习产生了较大的影响。从留守儿童在父母外出前后的学习辅导情对比看，部分孩子的辅导者出现了转移，相当一部分孩子的辅导者出现空缺，从与非留守儿童的辅导情况对比看，留守儿童没人辅导的人数更多，母亲、哥哥姐姐也往往承担辅导责任（图 4–4）。

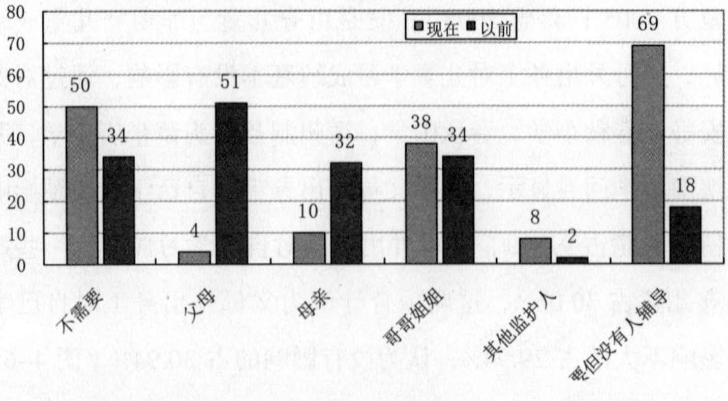

图 4–4　留守儿童在父母外出务工前后的学习辅导情况

同时，尽管非留守儿童需要但没有人辅导的人数比例也较大，但留守儿童需要但没有人辅导的比例远高于非留守儿童，达 17.7%。如图 4–5。

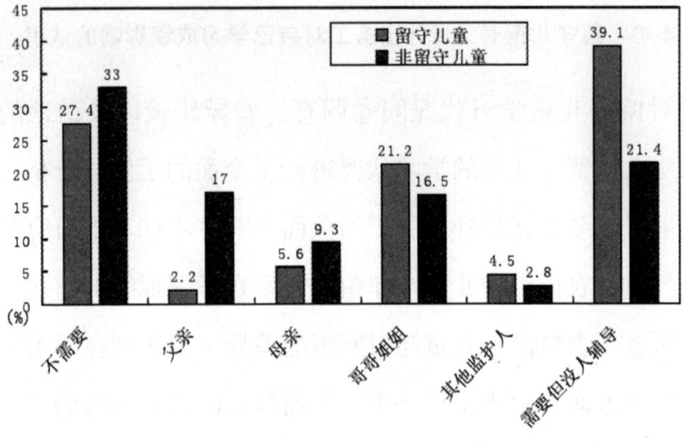

图 4–5　留守儿童与非留守儿童的学习辅导情况对比

留守儿童的学习成绩是否与父母外出存在相关性，这也是关于留守儿童教育研究的一个热点，从已有的研究来看，大致有三种结论：一是留守儿童学习成绩普遍偏差，父母外出务工是其直接原因（龚正华 2004；刘文艳 2005）；二是完全留守儿童成绩普遍较差（范方 2005；蒋忠 2005）；三是留守儿童与非留守儿童成绩并无差异，父母外出务工对儿童学习成绩基本没有影响，通过对安徽省六安舒城春秋小学、春秋中学，宿州泗县山头镇张店小学，芜湖无为泱南小学问卷显示，认为父母外出务工对自己学习成绩影响很大的留守儿童占 9.06%，父母外出务工对自己学习成绩有一些影响的留守儿童占 30.06%，这两项合计认为父母外出务工对自己学习成绩影响不大的占 29.94%，认为没有影响的占 30.94%（图 4–6）。

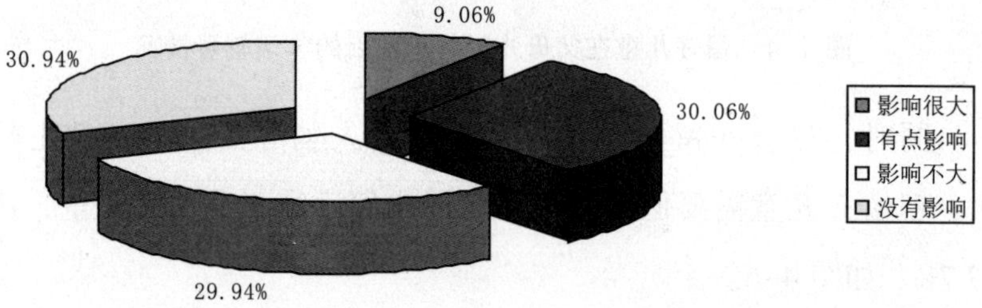

图 4–6　留守儿童对父母外出务工对自己学习成绩影响的认识

通过对留守儿童学习状况问卷调查、差异比较以及访谈的基础上，主要从农村留守儿童的学习状况进行了全面的了解与分析：农村留守儿童学习成绩受父母外出务工的负面影响并不如其他研究结论显示的那样严重，农村留守儿童与非留守儿童在学习成绩的整体比较上差异并不显著，农村留守儿童与对照组的差异主要表现在学习态度与学习习惯两个方面；由于父母外出，相当数量的留守儿童的学习被监管力度下降，对留守儿童的良好学习习惯的养成以及自我学习要求的影响较大；留守儿童内部存在适应性差异，即父母外出对留守儿童的学习态度及目的均产生双面影响；留守儿童的学习自信心不足，对学习成绩的自我认知度低于非留守儿童；受家长文化素质的制约，自身观念的偏差，家庭学习辅导空缺是农村儿童面临的一个普遍问题；农村中男性文化程度普遍高于女性，因而，父亲是儿童主要的家庭辅导者，父亲外出之后，哥哥姐姐成为辅导者的人数增加；留守儿童在学习过程中，随着跟不上的程度逐步加深，厌学、辍学的倾向凸现。

4.1.2　心理健康呈现问题

4.1.2.1　留守儿童缺乏心理支持导致自卑

近年来，很多学者从不同角度对农村留守儿童心理健康问题进行了探讨，但结果却呈现出极大的差异，甚至截然相反。多数研究认为农村留守儿童心理问题突出，总体情况令人担忧（郑显亮，2007；徐为民，2007；袭开国，2008；等等），但也有不少研究指出，留守儿童与非留守儿童心理相比，心理健康水平没有差异（何资桥，2006；岳慧兰，2006 刘璐，2007；等等）。留守只是增加了农村儿童的脆弱性，但并不直接作用于其心理健康，如果通过及时适当的心理干预措施完全可以朝着非危险方向转化。因而，应该本着客观的态度来看待农村留守儿童心理问题，由于父母的远离，留守儿童又与其监护人之间的沟通存在一定障碍，这也容易造成留守儿童的心事内化，情感诉求受挫，容易形成孤僻内向、自卑脆弱等性格，加之初中阶段正处于身体发育和心理发展的关键时期，由于父母外出务工造成的这种家庭非完整性以及亲子关系的非连续性，使儿童无法享受到父母的关爱（表 4–5）。

表 4-5　农村留守儿童的家庭结构类型构成

家庭结构	男	女	0～5周岁	6～11周岁	12～14周岁	15～17周岁	总
和母亲单独留守	22.48%	22.86%	16.19%	21.55%	27.09%	29.67%	22.66%
和母亲及祖父母一起留守	10.67%	10.79%	19.02%	9.37%	6.55%	5.53%	10.73%
和父亲单独留守	9.46%	9.43%	3.53%	7.49%	12.58%	18.88%	9.45%
和父亲及祖父母一起留守	4.29%	4.31%	5.96%	3.97%	3.34%	3.55%	4.3%
和祖父母一起留守	25.72%	25.39%	37.98%	28.06%	17.42%	10.91%	25.56%
和其他人一起留守	14.82%	16.76%	9.33%	17.50%	19.31%	17.82%	15.72%
其他情况	12.56%	10.45%	7.98%	12.07%	13.71%	13.64%	11.58%
合计	100.00%	100.00%	100.00%	100.00%	100.00%	100.00%	100.00%
单亲外出留守	46.90%	47.39%	44.70%	42.37%	49.56%	57.63%	47.14%
双亲外出留守	53.10%	52.61%	55.30%	57.63%	50.44%	42.37%	52.86%

从中看出，父母一方外出打工的留守儿童和父母都外出打工留守儿童的比例分别为 47.14% 和 52.68%。年龄层次的不同必然导致家庭结构的差距。由简单的分析可以得出：单亲外出留守的比例与留守儿童的年龄成正比。随着时间的推移，农村留守儿童年龄略大一点，其家庭都可能产生母亲或父亲其中任何一方外出打工的状况，双亲一起在家的家庭越来越少，即产生单亲留守，而这与年龄小的儿童刚好相反，即年龄小的父母双方一起外出打工而只留下儿童的比例却较大。另外，留守儿童在多种场合下非常急切地需要求助对象，包括监护人、朋友、老师都是其求助的对象。如图 4-7所示。

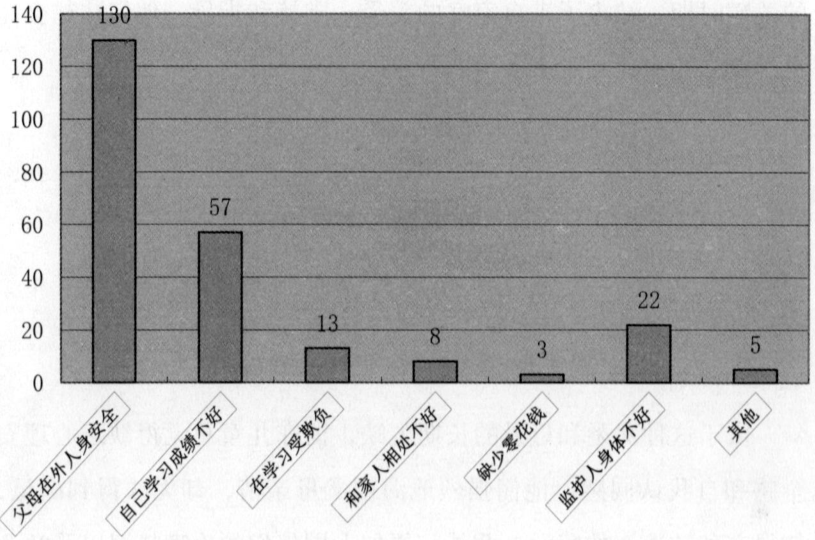

图 4-7　留守儿童最担心的事情

通过上图显示，在留守儿童最担心的问题上，选择“父母在外人身安全”的留守儿童数为 130，比例达到 54.2%，担心监护人身体不好的有 22 人，这说明留守儿童较懂事，留守经历使他们更能体会到父母的艰辛，同时，对自己的处境表示一种无奈。

留守儿童心理问题数据调查问卷发现，在留守儿童心理问题调查中发现，认为自己做得好的孩子只占到 9%，认为自己做得一般的孩子占 64%，而认为自己做得比别人差的孩子占 27%。如图 4-8。农村留守儿童的自卑心理严重，呈现出不同程度的敏感多疑、畏缩懦弱以及心理承受能力差等特点。完整的家庭是儿童健康成长最重要的环境。父母外出务工，与孩子长期的分离状态势必会给他们的心理带来一定的影响，从访谈整体情况看，初中留守儿童的心理健康状况明显差于小学留守儿童，原因在于初中留守儿童正处于生理、心理快速发育阶段，也是情感、品德、性格形成和发展的关键时期，缺少了来自家庭的关爱、支持和指导，他们往往会比小学留守儿童面临更多的困惑与难题。

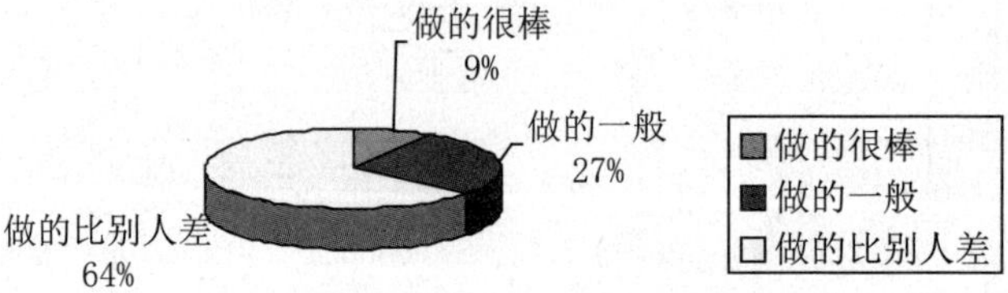

图 4–8　留守儿童对自我行为的认知

由于这种父爱和母爱的长期欠缺，留守儿童总觉得缺乏心理安全感和自我认同感，他们强烈地渴望父母亲情，却无法得到满足，使得有种被遗弃的感觉，此外，再加上同伴们的冷嘲热讽以及学业不良而招致老师的消极注意，他们更易表现出胆小怕事，行事萎缩以及自以为不如别人等自卑消极心理。

4.1.2.2 父辈关爱缺失引起逆反

通过对安徽省庐江、安庆、阜阳、六安 4 所乡村小学的留守儿童调查情况（图 3–2）中了解，有相当一部分留守儿童渴望父母的关爱，希望多与父母进行心灵交流。有 65% 的留守儿童渴望父母的关爱、有 49% 的留守儿童觉得身边的人不关心自己、在学校里基本没有朋友的占 19%，遇到困难自己解决的有 45%。如图 4–9。

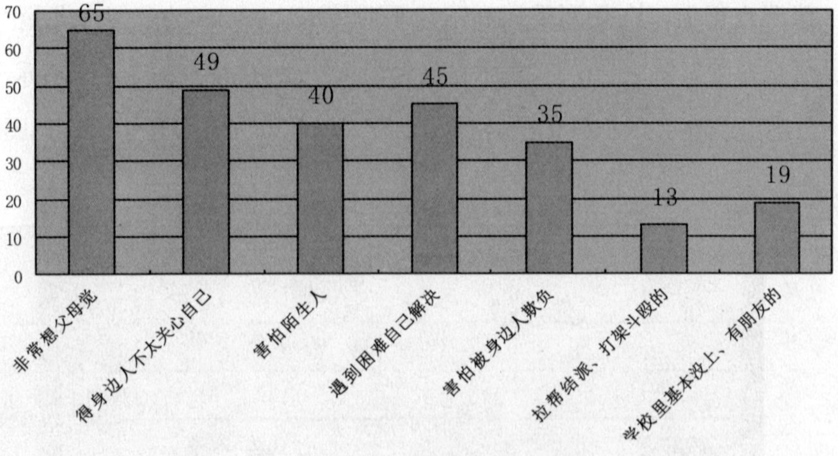

图 4–9　留守儿童情况统计表

通过对安徽省 6 个地区农村中小学留守儿童的问卷调查，关于父母与留守儿童的互动沟通情况统计中得出：通常父母一周以内跟孩子联系的占 71.2%，每天联系的占 20.9%，8.9% 的孩子反映父母不跟他们联系，近半数留守儿童体验过不良感觉，无助感的留守儿童有 16%，被遗弃感的有 5.5%，无用感的有 8%，失落感的有 18%。如图 4–10 。

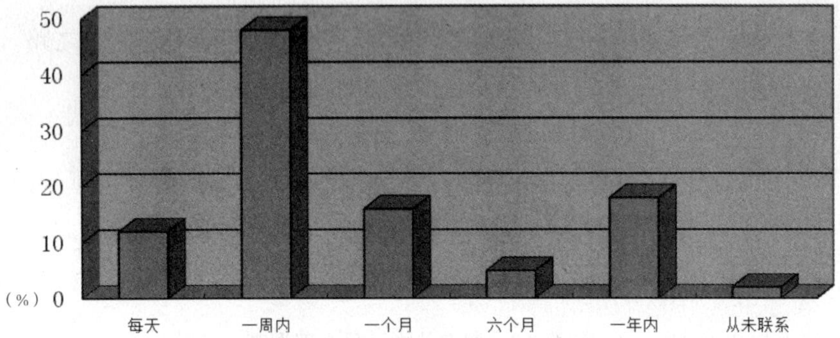

图 4–10　留守儿童与父母联系图

对安徽省庐江、安庆、阜阳、六安 4 所乡村小学的留守儿童访谈调查得出，在受到委屈和不公平对待时，43.3% 的“留守儿童”会选择吵架解决，16.2% 表示自己会以沉默对待，18.9% 向父母倾诉，还有 21.6% 会采取其他的各种发泄方式以此来寻找心理平衡。见图 4-11。

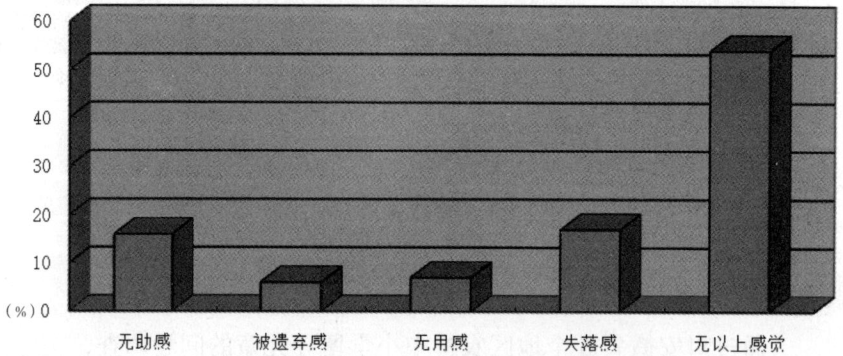

图 4-11　半数留守儿童体验过不良感觉

由此可见，“留守儿童”绝大多数倾向去选择暴力手段解决问题，我们可以推断出，“留守儿童”在一定程度上存在着孤僻、偏激、不团结、搞破坏、易产生敌对等多种不良心理问题，以至于出现了最后的打架斗殴、拉帮结派等不良行为，他们的道德感和理智感匮乏，严重者甚至参与盗窃、抢劫，最后走上犯罪的不归之路。如图 4-12。

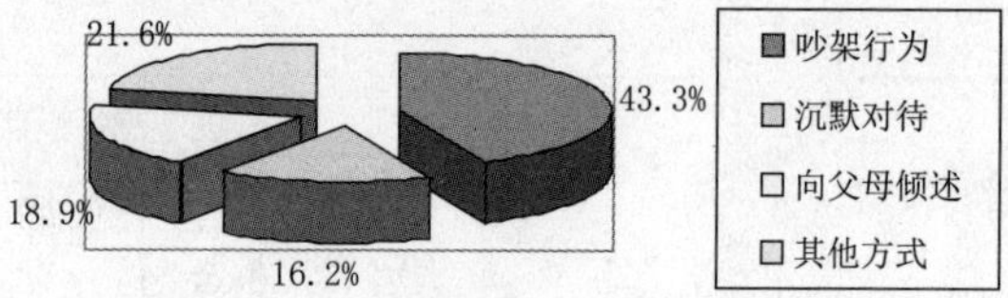

图 4-12　留守儿童逆反心理调查

“留守儿童”在人际关系的处理上会受到情绪、性格上存在心理问题的直接影响。通过对“留守儿童”和同学一起参加集体活动是否表示认同这一问题的调查统计显示：16.7% 的“留守儿童”认为对一起参加活动不感兴趣，不愿跟同学交往，显得非常不合群，导致人际关系十分敏感，久而久之，更不愿与人接触，造成独来独往、孤僻自闭的性格；46.6% 的表示别的伙伴如果对我发出邀请才能去，显得不积极，很内向；有 36.7% 的表示非常愿意和同学一起参加活动。如图 4–13。

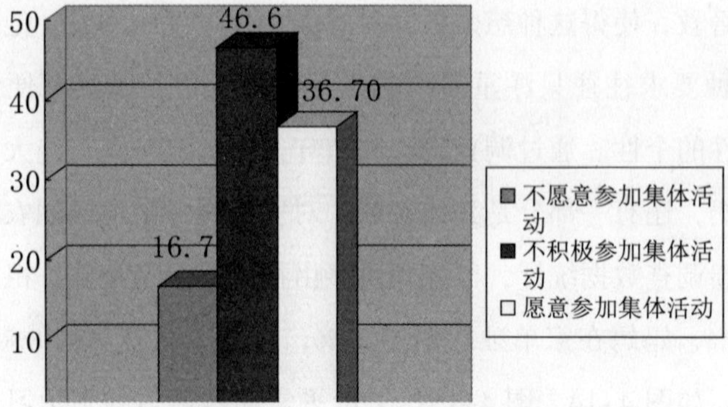

图 4–13　留守儿童人际关系调查

一般来说，孩子的心理是与家长持续互动的过程。如果孩子在幼年时期建立和保持与父母良好的关系，将提高未来适应社会的能力，对建立良好的人际关系起到促进作用；相反，如果孩子无法建立与他人的密切关系及其父母在早期阶段离开，则会对他们的心理成长产生负面影响。据调查，留守儿童的心理健康，55.5 % 的有很大的阴影，表现出来的很大一部分为封闭内心，情感冷漠，懦弱伪劣，行为孤僻，缺乏爱心和交流的主动性，脾气暴躁，冲动，总是将无缘无故的小事升级为打架斗殴。“这些儿童和青少年正处于一个转折期的情绪性格改变，与父母分离，使他们很长一段时间的生理和心理需求没有得到满足，消极情绪仍然伴随着孩子，使他们变

得自卑，沉默，阴沉，孤僻，或显示任性，急躁，性格偏激”。❶

4.1.2.3 祖辈溺爱导致任性

任性并非是与生俱来的，它是后天生活中由于他人对其合理或者不合理的要求和欲望盲目满足造成的一种心理特征，在农村留守儿童中，因隔代养人，过分溺爱娇宠造成儿童的任性现象尤为严重，祖辈们本来对孙辈就有一种天性的慈爱，孩子若缺少父母在身边的管教，使得这种慈爱很容易滑向一种过度的溺爱，他们对孩子的各种要求往往只注重简单的满足，积久成习，逐渐便使孩子形成任性的个性。通过调查发现，留守儿童的监护人，绝大多数是爷爷奶奶，还有一部分是其他亲戚；对安徽省 6 个地区的农村留守儿童问卷调查数据统计，留守儿童多由祖辈或母亲抚养，祖辈抚养约占 42%，妈妈在家单独抚养的 30%，爸爸单独抚养的 8%，其他人 14%。如图 4–14，图 4–15。父母平常问得最多的是学习，约占 35%，安全占 24%，衣食住行占 20%，情绪只占 2%。监护人的主要责任也就只是照顾他们的日常生活。如图 4–16。

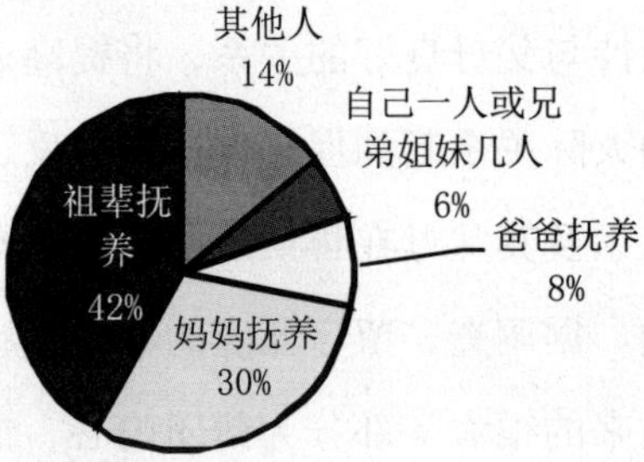

图 4–14　留守儿童抚养人情况统计图

❶ 叶敬忠，王伊欢．留守儿童的现状与特点 [J]. 人口学刊，2009(3).

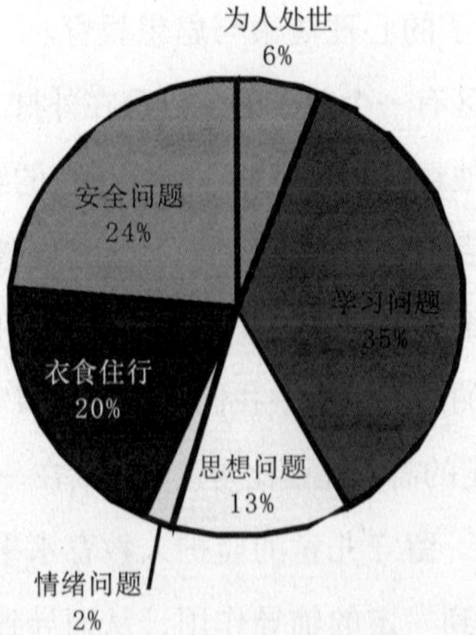

图 4-15　留守儿童抚养人过问情况统计图

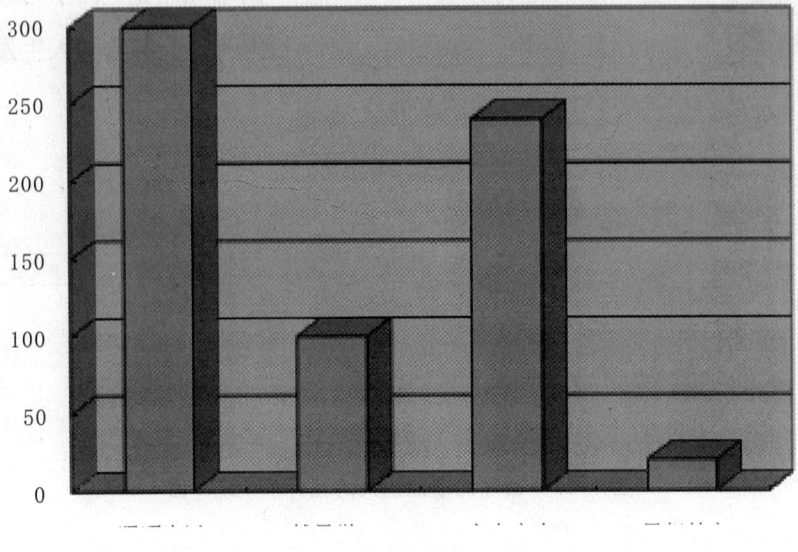

图 4-16　留守儿童对临时监护人主要责任的认识

在主要责任选项上，孩子们多数选择了“照顾日常生活”这一项，而对于“辅导学习”和“思想品德教育”的选择率较小。从中我们可以发现留守儿童的监护人大多更关心孩子能否吃饱穿暖，而很少或根本忽略孩子的心理健康与思想教育。

案例：阜阳地区有一个孩子的父母都在外打工，孩子跟着自己的爷爷生活，在学校他经常惹是生非，破坏学校的纪律。但是调查者在与他接触了几周之后，发现他其实是一个非常希望得到别人肯定的孩子，他的一些破坏纪律的行为往往是因为自己内心孤单，希望通过另类的方式引起别人的注意。从中我们可以看出留守儿童内心，对父母关爱以及受他人肯定的需求往往比与父母生活在一起的孩子更为强烈。

通过调查发现，留守儿童的监护人教育水平明显偏低，因此不能对儿童的教育起到一定的辅导作用，从而导致重养轻教，并且容易忽视儿童的思想品德教育。外出打工或经商的父母也会对部分孩子思想上产生一定的不利影响，容易产生“读书无用论”，学习成绩不好不如外出随父母打工或经商，这样不利于孩子未来的人生发展，从而导致恶性循环。如图 4-17。

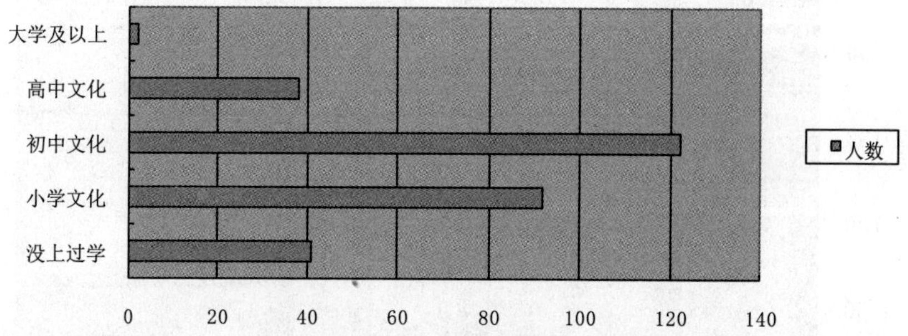

图 4-17　留守儿童监护人的教育水平统计图

4.1.3　思想品质呈现问题

4.1.3.1　传统美德认识模糊

随着打工经济的蓬勃发展，一部分打工者的家庭经济和生活条件得到明显改善，但是，由于长时间无法回到孩子身边，因此金钱加物质就是他们最直接的用来弥补孩子亲情缺失的方式，这极易形成孩子功利主义和享乐主义的人生观，养成拜金主义等错误思想，留守儿童因道德观念的偏差，在道德行为方面的表现出现异常，部分留守儿童缺乏起码的自我道德约束，未能建立起对他人应有的尊重，也未意识到其对社会应负的责任，甚至有极少部分留守儿童还有违法行为。

毋庸讳言，相当多的留守儿童对其监护人尤其是祖辈监护人的态度不好，一旦不能满足他们的要求，便以各种方式表示反抗，甚至有的还辱骂殴打祖父母，传统的道德规范在他们身上得不到体现，影响儿童健康成长的人生支柱和精神脊梁是不容忽略的道德行为问题。因此说，父母双亲远离留守儿童，致使他们建立思想认识和树立的价值观念都非来自其家庭第一导师的引导；亲子情感上也不能满足他们思念亲人的欲望；这极易误导他们偏离道德思想价值观的主流方向，甚至走上犯罪的道路。

总体上看，农村留守儿童在思想品德方面主要表现为以下两个方面：其一，人生观的转变。生活在外出打工经济浪潮的强烈冲击中，许多学生包括留守儿童看到了一些农民工，虽然没有文凭，甚至有人几乎没有什么文化知识，但是可以赚很多钱。而如今的大学生、中专毕业生就业严峻形势，很难找到工作，促使“读书无用论”这种思想在农村留守儿童心里滋生。加上家庭教育的弱化，也缺乏家庭正确思想观念和生活指导价值，对部分留守儿童的人生观和价值观，已经产生了严重的扭曲，世界观和价值观大大地失之偏颇。由于父母在外打工时间长，留守儿童家庭经济条件得到明显改善。许多工作的父母，为弥补留守儿童亲情缺失，而给留守儿童很多的零花钱，并允许其任意使用和乱花，这种“物质 + 放任”的补偿方法很容易形成幼年时懒惰，奢侈浪费，浪费金钱，大手大脚的坏习惯，甚至可能导致他们产生“打工第一”和“拜金主义”的错误观点。“留守由于道德的偏差，在不正常的道德行为表现方面，部分留守儿童缺乏最基本的自我道德约束，没能树立尊重别人，也没有意识其应该对社会应尽的责任。他们的言语粗鲁，衣冠不整，无心学习，无视长辈，个别孩子由于缺乏家庭监控，迷恋网络游戏，甚至与社会不良青年交往，严重者做出违法乱纪之事，最终走上犯罪深渊。”其次，价值观的转移。随着改革开放和社会主义市场经济体制的逐步确立，经济和意识形态领域的不断深入，显著变化，留守儿童在农村地区受到社会大潮的强有力冲击，导致社会主义核心价值观导向偏移，社会问题和矛盾日益突出，道德教育面临严峻挑战。农村民风不再那么单纯质朴，人们也不像想象般温柔，很受欢迎的“拜金主义”领域同样在滋生蔓延。家长除了外界物质条件，以满足儿童，伦理道德教育，对子女的法制教育的要求往往不关心。其二，儿童涉世尚浅，自控能力差。如果没有严格的管理，街上到处都可以看到游戏大厅、娱乐网吧等总是吸引影响着他们，使他们逐渐放松对自己的要求。一旦他们困在这里无法自拔，再有那一恶意谁挑衅和教唆，他们的行为就极容易产生问题，这就是为什么一些留守“三无”（没有上学，没有工作，没有人管）人员对青少年有严重的行为影响。在一些地区，‘三无’未成年人犯罪案件占所有案件的40%以上。因此，农村未成年人思想道德水平的下降趋势，如打架斗殴，偷窥，打爹骂娘等现象都成为常见现象；违法行为致使恶性刑事案件的发生也有报道。

4.1.3.2　社会公德意识差

社会公德是每个人都要自觉遵守的社会公共道德规范。通过对安徽省部分农村地区留守儿童的问卷调查中抽取 720 份做统计显示（表 4-6），当留守儿童准备扔垃圾时，你看见垃圾筒外面都是垃圾，这时你会怎么做的选择。有 37% 的留守儿童选择仅把自己的垃圾扔进垃圾筒，31% 的留守儿童认为应当告诉清洁员打扫，也有 23% 的留守儿童选择扔在垃圾堆放的地方，仅有 9% 选择把自己的垃圾扔进桶里，然后把堆放在外面的也放进去。留守儿童认为这是清洁员的职责，这是可以理解的；但有超过 1/2 留守儿童是漠视该问题，也和其他人一样把垃圾放在外面，这是缺乏社会公德意识的表现，说明留守儿童的社会公德意识有待提高。

表 4-6　对扔垃圾的态度调查表

选　项	仅把自己的垃圾扔进桶里	告诉清洁员打扫	扔进垃圾堆放的地方	把自己的和堆放在外面的都放进去
人数	266	233	166	65
百分比	37%	31%	23%	9%

4.1.3.3　诚信意识较差

诚信是处理个人与社会，个人与个人之间相互关系的基础性道德规范，是中华民族的传统美德。从问卷调查中抽取 720 份统计显示（表 4-7）：

表 4-7　对学生诚信（不当得利）统计表

选　项	应当退还	不是偷来的应当归自己	若有人发现就退还	仅一元钱不算什么
人数（人）	396	180	86	58
百分比（%）	55	25	12	8

留守儿童的诚信意识需要加强的留守儿童认为买东西时售

货员多找钱时应当退还；25% 的留守儿童选择不是偷来的应当归自己；12% 的留守儿童选择如有人发现就退还；还有 86% 的留守儿童认为算不了什么，持无所谓的态度，表现出道德认知与道德行为不相符合的倾向。由此可见，留守儿童的诚信度也需加强。

4.1.3.4 理想信念过于个人化

留守儿童由于家庭教育的基本缺失，更多地受到外界不健康思想的影响，出现了理想信念过于个人化的现象（见表 4-8，抽取问卷 720 份）。一些留守儿童缺少为祖国、为人民贡献智慧和力量的理想信念，理想仅仅是能有个好工作、挣大钱，更有留守儿童不知道学习是为了什么，他们长大后的理想是个人出人头地和报答父母，掌握科学文化知识和本领不是为祖国、为人民服务，而是为了个人的前途和享乐，没有把个人的成长进步同国家的富强联系在一起，没有担负起建设祖国，振兴中华的使命感。这部分留守儿童正经历着理想与信仰的危机。

表 4-8　你长大后的理想是什么统计表

选　项	报效祖国	报答父母	个人出人头地	其他
人数（人）	43	274	338	65
百分比（%）	6	38	47	9

4.1.3.5 价值观多元化

父母外出务工改善了家庭和教育环境，沟通了孩子和外界的联系，开阔了他们的视野，但也给自己的孩子带来了负面影响，使他们的价值观多多少少的呈现出功利主义的倾向。在一些留守儿童的心里认为：有钱就有一切、有钱就是幸福。留守儿童对富翁的崇拜达到 44%，对大腕明星的崇拜达到 27%，而对有贡献的科学家的崇拜有 8%，对民族英雄、劳动模范、先进人物等仅占 16%，这反映出留守儿童价值取向呈现多元化，但也反映出一部分留守儿童对物质利益的崇拜和对奢华肤浅的生活方式的追求（表 4–9）。

表 4–9　最崇拜的人是谁统计表

选　项	科学家	民族英雄	明星	百万富翁	劳模	其他
人数（人）	58	86	194	317	29	36
百分比（%）	8	12	27	44	4	5

4.1.4 安全教育流于形式

与常态儿童相比，安全问题是农村留守儿童最特殊、最突出的问题。作为未成年人，儿童的自我保护的意识不强，自我保护能力还比较低，特别需要家庭、学校、社会、司法等方面给予特殊保护。在我国，为了维护未成年人的合法权益，保障未成年人健康成长，制定了一部专门法律，即《中华人民共和国未成年人保护法》来保护未成年人的各项合法权益，规定了家庭、学校、社会、司法等对未成年人保护的职责。但是，由于父母外出打工导致监护缺位，代理监护人监护职责不清、监护不到位造成监护不力，学校的安全教育和管理存在着不同程度的问题，农村社会治安状况欠佳等等，这些潜在的威胁致使广大农村留守儿童的成长环境存在诸多安全隐患，也着实让人担忧。与城镇儿童相比，农村留守儿童承受着经济上和精神上的双重贫困，使其处于教育的边缘地位，中国农村留守儿童教育问题研究会议（2004）综述指出：由于父母疏于照顾及监护人防范能力弱，在被拐卖的儿童群体中，居第二位的是留守儿童；监护人缺乏保护意识导致的意外伤害与意外死亡问题也很严重，农村留守儿童所面临的安全问题主要表现在三个方面：一是由于得不到亲情的照顾而产生的安全问题；二是受到他人的人身伤害，如被拐卖和女性儿童受到性侵害；三是行为失控导致的安全问题。关于农村留守儿童安全问题，还有研究者把它归结为两种表现，即生理安全和心理安全。生理安全就是指留守儿童有病不能及时医治的现象；心理安全是指因亲子互动的缺失造成留守儿童缺乏对信任的感受和体验，从而使留守儿童容易产生焦虑感和对别人的不信任。总之，对留守儿童的安全问题，不管怎样分类，都有一个共同的指向：农村留守儿童的安全问题比较严重，必须高度重视留守儿童解决问题的能力。如图 4–18 所示：

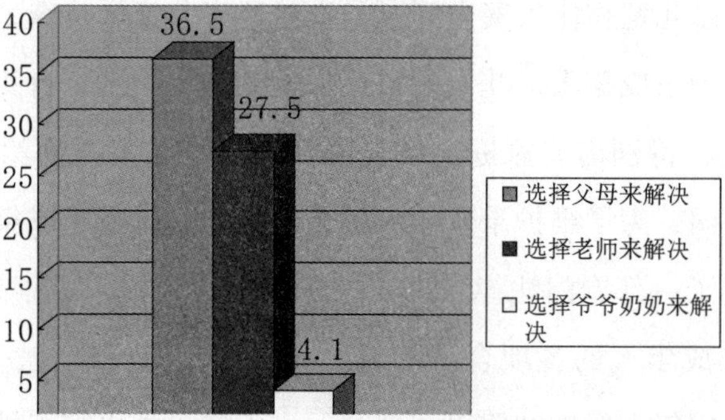

图 4–18　留守儿童解决困难途径

我们还了解了孩子是否存在其他的困难和问题以及解决现状和期望。从抽样调查可以看出孩子们对学习的重视，75.8% 的孩子除学习之外没有需要大人帮忙的，18.5％的孩子在开放型问题显示，他们还需要一些学习用品、知道怎样修玩具、帮助做早饭等等，从这些零落的声音中也能反映出个别留守儿童日常生活的困难，特别是那些希望得到大人帮助做早饭的儿童。针对以上问题，36.5％的留守儿童选择父母来解决，27.5%选择老师来解决，仅有 4.1%选择爷爷奶奶来解决。而父母不在身边，老师只在学校里能够接触孩子，在家多数是和爷爷奶奶相处，以致无法让以上问题得到迅速又满意的解决。也说明父母外出打工，把孩子留在家里的同时，也无形间给孩子留下了不同程度的生活困境和艰辛。

在学校与家庭教育配合不当、管理存在“真空”的状态下，农村留守儿童极易受到社会上不良环境的影响，孩子们的成长也存在很多安全隐患，甚至引起安全事故，致使有的留守儿童患病得不到及时医治，由斗殴、触电、溺水等引起的意外伤亡事件也频频出现。

4.1.5　青春期性教育缺失

农村留守儿童由于父母双方或一方外出务工、经商，从而不能够正常地接受有关青春期性方面的亲子教育，相对于有父母在家的非留守儿童而言，他们的青春期性教育基本缺失。农村留守儿童青春期生理卫生知识和性知识仍然相当缺乏，对性的认识不足，性态度、性观念令人担忧。学校和监护人在对农村留守儿童进行青春期性教育过程中并未起到主导作用，获取性信息的主要渠道为网络、报纸、杂志、光盘等，但这些渠道的内容良莠并存，很多不健康的、淫秽的内容使心理上还不成熟的农村留守儿童很难辨别是与非，消极的因素会潜移默化地把他们自觉不自觉地引向歧途，好奇和扭曲的心理会使他们运用不正当的手段窥探性的奥秘，农村留守儿童青春期性教育基本缺失问题的具体表现在如下几个方面：现在的社会节奏加快，儿童的生理成熟期提前，而心理却没能同时成熟，在青春期面临较多的苦恼，在留守儿童的这个群体中表现更为突出，男孩主要表现为脾气暴躁、容易动怒，女孩则可能变得更加内向和孤僻；青春期最大的危机是青年人要面对不同人扮演不同的角色，需要一种认同感，但是学校的青春期教育很薄弱，留守儿童在家里又无处诉说，长期以来造成了心理上的压抑和精神上的负担，影响了学习成绩，也影响了成长，农村留守儿童由于常年与父母相隔，在感情上产生了真空，加之监护人常常无暇顾及他们情感上的变化，导致他们性意识的萌发时间更早，程度更深城市化背景下农村留守儿童教育问题研究突出，不稳定性因素更多。农村留守儿童在普遍缺乏安全感和归属感的情况下，他们常把爱转向同龄人，尤其是异性身上，也许是这种需要没有被正确地加以引导和疏导，以致他们表现出了对性更强烈的渴望和兴趣，由于他们无法正确地对待自己的性欲望和性冲动，在心理上不可避免地带来了冲突和矛盾后，在行为上也更容易酿成严重过失。性别角色是个体在社会化过程中通过模仿和学习获得的一套与自己性别相适应的行为规范及自我认知，由于性别角色不同，社会上对不同的性别角色产生了不同角色期待，提出了不同的希望和要求，从而对青少年性别角色的认知产生很大的影响，而性别角色的认定必须借助父母的指引和规范，农村留守儿童的父母双方或一方在孩子出生后不久便外出务工、经商，致使性别认定所起的作用基本缺失。同时，在这种家庭结构变迁过程中，农村留守儿童对男女在生理、心理和行为上的差异性表现出更多的关注和敏感。

综上所述，农村留守儿童教育方面存在着许多的问题，应该引起全社会的关注。当然在这些问题中，有的是农村留守儿童独特的表现和反应，有的是所有儿童都存在的表现，但在农村留守儿童这个群体上的反应和表现更强烈和更明显，农村留守儿童教育存在的问题主要表现在学习、心理、道德品行、安全等方面。表面上看来，这几个方面的关联性不大，但笔者通过探究发现，农村留守儿童教育问题的出现，实际上大多都与农村留守儿童的心理表现有很大的关系，大多都是由于心理的变化从而引起了农村留守儿童在学习、道德品行、安全等方面差异于普通儿童的特征。学习方面、道德品行方面，还有青春期性教育等方面表现出的问题实际上都是直接或间接通过心理方面表现出来的，故笔者认为，在农村留守儿童教育出现的许多问题中，心理问题是一个较为突出的问题，全社会应当更加关注农村留守儿童的心理问题，关注农村留守儿童的心理健康成长，引导农村留守儿童的心理向健康的方向发展，并且努力创造条件，为农村留守儿童的健康发展提供良好的环境。

4.2　农村留守儿童教育问题的原因分析

4.2.1　制度性“孤儿”诞生

伴随经济的不断发展，打工大潮给中国社会的发展注入了无限的活力，中国社会急遽变成一个移动社会。据统计，从 1993 年到 2009 年的 16 年间，中国 1/10 的人口在流动迁移，在中国以及世界历史上，如此大规模的迁移和流动速度是史无前例的，由于经济与社会发展不平衡的二元结构，形成了农村人口向城市迁移洪流越来越强烈的态势，据中国社科院和联合国发展计划署预测，到 2030 年，农村每年转移到城镇的农民工数量将达到 3.5 亿。从 20 世纪 90 年代中期以来，农民工问题及其伴生的诸如农民工子女教育，家园感、归属感的丧失，家族社区的瓦解，社会公平等一系列问题成为被公众广泛关注的社会问题。

4.2.1.1 “家的解构”

大量农村劳动力的外出也给农村的社会结构和家庭，带来了几千年来从未有过的冲击，最大的问题首先是“家”的解构：夫妻一方外出打工，一方在家带孩子、务农，或夫妻双双外出（往往亦分赴两地），而将孩子留给年迈的爷爷奶奶、外公外婆一起生活，或干脆把孩子托给邻居或朋友照顾，与孩子团聚的时间少之又少。这种变化，对于成人来说，使夫妻关系危机四伏。夫妻天各一方，缺乏正常的、必要的沟通，情感长期处于疏离状态，没有寄托，自然会给婚变埋下祸根；城乡分割的二元经济和社会制度对来到城市务工的农民又是一个绝对的诱惑，外出的一方来到城市眼界大开，接受了新生活、新观念，或通过努力改变了地位，跟留守一方有了不协调不融合，冲突在所难免，走向离婚，便成了一个必然。有媒体报道，有 25 万多农民外出的安徽中部农业大县怀远，县法院近年受理的离婚案逐年增加，从 2004 年 1 月 19 日至 2 月 9 日的 21 天内，到法院起诉要求离婚的达 120 人，2 月 9 日一天受理 31 件，创下该院的历史纪录。据笔者从一个县法院所了解的情况，2005 年，该院受理离婚案件 691 起，起因为当事人外出打工，双方或一方有外遇的占 90%。婚姻危机还是刑事犯罪的温床，在农村，一些婚姻纠葛，最终还有可能演变成为夫妇相互残杀的家庭悲剧。对于孩子来说，孤寂的留守生活再遭遇父母离异，更如雪上加霜。且不说由于父亲或母亲的外出，孩子实质上已经丧失了一半的天伦之爱，留在孩子身边的那个“单亲”，也往往由于留守压力，在自觉不自觉中使孩子得到的爱大打折扣。留守妇女最主要的还是精神压力，情绪化了的时候，对孩子的态度就可想而知。反之，由男方留守，也是同理。而随着“打工婚姻”离婚率的不断攀升，这种压力和恐惧还会在更多的留守家庭升温。对于父母双双外出、被托给他人照管的孩子，父母更是已蜕变为一年两年才露个脸、见个面的符号和概念。这些孩子孤单地留守乡村，少有依靠。内心的寂寞与忧伤，生活上的不便与环境的歧视，意外的人身伤害，无一不在困扰着这些孩子。由于缺乏亲情滋养，这些幼小心灵，有的走向消极、孤僻，有的变得任性、暴躁。父母在生活中的缺位，已经严重地影响到了这些孩子健全人格和良好心理的形成。最不幸的还是解体以至发生刑事案件的家庭的孩子。离婚，对于成人来讲还可能是某种解脱，但带给孩子的，只会是留在他们心中无法消弭的痛。在笔者查阅的一些离婚案卷宗中，因顾虑带着孩子会对以后的工作和再婚有影响，还有相当比例的离异双方都拒绝将子女带在身边，这对孩子幼小的心灵是何等的打击！这样的孩子的前途也最为堪忧。调查中，笔者翻阅过一些少年犯罪的案卷发现，未成年犯罪中一半以上的犯罪留守儿童，大多家庭破裂，或者父母长期不和。父母与子女，或家长与孩子，真如皮之与毛，皮之不存，毛将焉附？其艰难困苦和将经受的磨难可以想见。留守儿童问题，后面隐藏的是更为广泛的社会问题。难怪有专家称：“与西欧和美日等国家在不同年代出现的农村人口劳动力的外流及其引发的诸多社会问题相比，20 世纪 80 年代以来的中国农村的状况都更加独特：一面是外出者无根飘零，遭遇着黑心老板的压榨、城管队员的驱赶以及城市市民的白眼，一面是留守者们同样的紧张、孤独、痛楚和无助。正如‘后院起火’这一中国式的语汇所包含的意蕴那样，没有哪一个国家的劳动力流动引发了如此迅猛、广泛和深刻的家庭解体，乃至于形成名副其实的人道主义危机。”[1]家庭结构形态的变化，各种矛盾的发生，自然还会对传统的家庭伦理观念带来冲击。在许多村落，传统的是非观、价值观、伦理观，已被拜金风扫得荡然无存。“知识无用论”抬头，各种曾经在农村绝迹的不良风气重新大行其道。

留守儿童问题是中国社会转型期产生的一个独特社会问题，是“三农”问题的衍生物。作为一种新的社会现象，留守儿童问题不仅关系到留守儿童自身的健康成长，农民工的切身利益，农村教育事业的可持续性发展，而且关系到我国未来人口的素质和建立和谐社会目标的实现。可以肯定的是，随着我国城市化进程的不断发展，农村剩余劳动力还将继续转移，留守儿童将源源不断地产生，留守儿童问题将在今后一个时期内都会存在。

4.2.1.2 亲子教育缺失

亲子教育理论的基础是家庭的早期教育，它始于20世纪80年代。目前在世界不少国家已成为一项新兴的教育事业，随着生命科学、发展心理学、学前教育学的发展，使人们认识到需要转变教育观念，80年代末和90年代初，神经科学及婴幼儿发形成新的教育理念，将原来“以父母为中心、以成人需要和期望为家庭教育重点，转变为以子女发展需要为基础、以亲情互动为家庭教育主要模式的亲子教育理念”。从目前的研究看，亲子教育的理论研究还比较薄弱，目前还没有形成一个清晰明确的概念，“亲子教育缺失不利于留守儿童安全感的形成，父母对子女的教育有利于子女形成健康的依恋关系，这种健康的依恋关系用心理学的术语就是安全型依

[1] 阮梅．世纪之痛：中国农村留守儿童调查 [M]. 北京：人民文学出版社，2008.

恋性关系”。父母如果长期在外务工，这种安全型依恋关系就难以形成，子女有可能长期处于一种惶恐状态，认为一切重要的东西都有可能失去。

“亲子教育的缺失影响家庭幸福和社会稳定，中国传统的家庭伦理强调家庭的团聚和家庭的欢乐”。笔者对此有深刻的体会，当父母在家的时候，孩子脸上的幸福感来得更真切，脸上的笑容更灿烂。亲子教育的缺失易使留守儿童走上犯罪道路，青少年违法犯罪是我国面临的一个严峻社会问题，就青少年违法犯罪而言，影响和导致的因素很多，如青少年法制观念十分淡薄、为所欲为的自由观、追求个人无限制的自由、追求享受不劳而获以及社会的不良风气等等。

由于城乡二元户籍制度阻碍了人口的自由流动，父母进城务工，但孩子却无法进入城市的学校就读，致使大部分孩子滞留在农村。父母与留守儿童的联系较少，回家频率低，很少与孩子交流。这样，父母无法了解子女的心理、思想的变化，对其缺乏必要的关爱与引导。特别是有的家长长期在外，因无法照顾孩子而感到内疚，便采取“物质补偿”的方式，增加留守孩子的零花钱数量，提高使用的自由度，而孩子们缺乏一定的理财能力和自控能力，久而久之，便养成好逸恶劳、奢侈浪费、乱花钱和摆阔气的陋习。如孩子是由祖辈或亲友代管，由于年龄差距较大，代沟明显，留守儿童很难与自己的监护人进行有效的沟通，久而久之就形成了孤僻、暴躁的性格，甚至对监护人产生逆反情绪。同时，这些监护人大多年龄偏大，文化程度较低，缺乏先进的教育理念和科学的教育方法，更不懂少年儿童的心理特点和成长规律，再加之精力有限，无论是在体力上还是智力上都很难以有效承担对留守孩子的家庭教育职能。为寻求情感上的寄托，留守儿童中有些人陷入早恋和网恋中不能自拔。据调查数据，有46.7%的留守儿童每周与父母联系一次，但有18.1%的留守儿童在一年内仅联系一次，还有2%从未联系，有近半数留守儿童有过无助感、被遗弃感、无用感、失落感等不良感觉（如图3-4，近半数留守儿童有不良体验）。亲子教育是以亲情关系为主要维系基础，以儿童与抚养者的互动性和活动性为核心内容，以建立和谐亲子关系和关注儿童身心健康，使儿童的潜能和个性得到适度开发和适切培养的一种家庭教育。亲子教育是家庭教育内涵的深化和发展，亲子教育可认为是父母给予其未成年子女的，以互动性和活动性为基本特点的某种关爱、抚慰、敦促、勉励，孩子则在父母的关爱下，通过模仿和认同父母的言行而试图成为父母所期望的人。家庭监护不力或不到位直接影响留守儿童的学习问题，儿童早期的经验对人格、情结和交往能力的发展有深远的影响，在人格发育过程中，儿童早期的环境和家庭教育被认为是非常重要的因素，家庭关系直接影响孩子的行为、心理健康、人格与智力发展、甚至是学习成绩，留守儿童问题正是因为父母在外、导致家庭关系失调、亲子关系发生了消极变化造成的。其实父母是孩子最好的老师，我国宪法规定父母有扶养教育未成年子女的义务，在未成年人保护法中对家庭保护也作出了明确的规定：家庭保护要求父母或其他监护人依法履行对未成年人的扶养监护的职责，尊重未成年人受教育的权利，但现实情况如何？我们用一个事实来说明，父母一方外出打工的留守儿童和父母大方都外出打工留守儿童的比例分别47.14%和52.68%。

4.2.1.3　父母关爱缺位

正确的道德判断和行为其实多数外出务工父母和天下父母是一样的，他们都希望自己的孩子生活好，学习好，将来成为比自己有出息的人，他们在外辛苦打工多数也是出于这种原因。但是由于现实或自身受教育程度等各方面原因，他们对子女的关爱都停留在肤浅的层面，主要表现在：重视物质条件，忽视教育环境的营造，由于社会发展的现状以及家庭生存和经济条件改善的需要，许多父母外出务工是出于一种无奈的选择：当问及您离开孩子出门打工是为了什么时，有 83% 的被访者表示是为了改变自己和孩子的生活；当问及您是否愿意离开孩子呢，79% 的被访者表示自己不想离开孩子，但生活所迫没有办法；13% 的被访者表示无所谓；8% 的被访者表示愿意。但是，大部分进城务工就业者很少考虑到自己外出于孩子教育的负面影响。原农业部 2004 年发布的数据显示：劳动力不外出的原因中，怕影响子女上学仅占第一、第二选择的 6.7%。周洋的调查结果也表明：外出打工的父母对留守孩子的教育关注，“您在外打工会对孩子的教育产生不好的影响吗？ 43% 的被访者认为会，36% 的被访者表示没考虑过这个问题，21% 的被访者认为不会”，外出父母与孩子电话沟通的内容也主要集中于学习成绩、身体健康、是否服从爷爷奶奶的监护等例行性要素，而对子女心理的波动与性格转变（如内向或胆怯型子女是否朝着增强人际交流能力、有勇气有主张的方向发展等）等关系到留守儿童成长的深层次问题则较少或不予关注，可见进城务工就业父母在重视给孩子创造更好的生活学习环境的同时，往往忽略了子女在成长过程中必不可少的父母教育、情感关怀、品行培养与心理健康引导，甚至根本就没有考虑过这方面的问题，这就造成许多农村留守儿童在教育、情感和思想道德方面的真空，心理健康也随之出现问题。随着经济的发展以及农民工外出务工的趋势，有更多的农民为改善家庭生活而离开土地，但是，孩子由于种种原因孩子不能跟随而被留在农村。而家庭是社会的基本单元，是孩子健康成长的必要的环境，孩子的成长离不开家庭的呵护，离不开爸爸妈妈的关爱，也离不开爸爸妈妈的榜样作用。父母是孩子的第一任教师，能够在父母的关爱中慢慢地成长，是儿童最基本的心理需求。而在留守儿童中，这些却无法满足，有的孩子刚生下来几个月就离开了父母，孩子从小对父母就比较陌生。父母常年在外，有时偶尔回家，也是来匆匆去匆匆，对孩子无论是在精神上还是心理上的关爱都不够。他们在成功的时候得不到父母的赏识，失败的时候得不到父母及时的鼓励，遇到困难、受到挫折的时候得不到心灵上的抚慰，导致留守儿童的“情感饥渴”，产生不良心理，形成了内向、悲观、孤僻、任性，冷漠的性格。有些留守儿童成天沉溺于网吧，沉迷于网络游戏。中学里，留守儿童早恋情况相对较多。由于长期得不到亲情的关爱，对亲情的渴望就渐渐地淡漠了，大部分留守儿童在平日里，和父母一般是通过电话、网上视频沟通，一些留守儿童一想到爸爸妈妈就泪流不止，都不希望爸爸妈妈外出务工，甚至有的孩子因为长期不见父母，对他们的容貌都模糊了。打电话时，父母也是非常关心孩子，问问学习，问问生活，还经常给孩子寄零花钱，这样的关爱远远不够，孩子需要的是父母在身边，哪怕吃得不好，穿得不暖。随着年龄的增长，孩子越来越意识到家庭的重要性，也越来越需要父母的情感关爱，希望父母能给他们更多的爱。

4.2.1.4 监护力度的疲软

关于未成年人的家庭保护，《中华人民共和国未成年人保护法》第二章有非常明确的规定：父母或者其他监护人应当创造良好、和睦的家庭环境，依法履行对未成年人的监护职责和抚养义务。禁止对未成年人实施家庭暴力，禁止虐待、遗弃未成年人，禁止溺婴和其他残害婴儿的行为，不得歧视女性未成年人或者有残疾的未成年人。父母或者其他监护人应当关注未成年人的生理、心理状况和行为习惯，以健康的思想、良好的品行和适当的方法教育和影响未成年人，引导未成年人进行有益身心健康的活动，预防和制止未成年人吸烟、酗酒、流浪、沉迷网络以及赌博、吸毒、卖淫等行为。

但在农村，这些法律明文规定的父母的责任，实质上因父母的外出，自然而然地转移到“其他监护人”即代管家长的肩上。这些代管家长是谁？这么沉重而重要的担子他们担得起吗？“没管好”的责任与后果又由谁来承担呢？

根据抽样调查数据显示，监护人只照顾留守儿童生活的有300人，约占比例85.6%；能辅导学习的有100人，约占比例28.5%；能兼顾人身安全的240人，约占比例68.5%；思想教育的20人，约占比例5.7%，由此可见监护人最多的只是照顾了留守儿童的日常生活，而不能肩负起教育的责任。

对于那些隔代监护的家庭来说，由于监护人文化素质普遍偏低，要求监护人监督孩子学习大多是一种奢望，在调查过程中，有些监护人表示：主要还要靠他自己，监护人文化水平低，孩子的书看不懂，也不知道他在那里学些啥，孩子学到哪里就是哪里，监护人也管不了太多。在调查中笔者还了解到，祖辈们虽然有着丰富的育儿经验，但是毕竟时代不同，他们原有的那些比较传统和保守的思想观念、价值观念和思维方式大都不能够被现在的孩子们所理解接受，所以平时和孩子交流和沟通的很少，当孩子出现一些问题又不听劝解的话，大多监护人采用打、骂、体罚等简单粗暴的方式解决，凸现的问题还表现为监管效果欠佳，如留守儿童与祖辈监护人双向埋怨，祖辈普遍反映孙辈越大越难管，甚至顶嘴、对骂，根本无法管理；而孙辈则抱怨祖辈思想保守守旧，孤陋寡闻，对其老套的管教方法或唠叨比较反感。

农村留守儿童监护类型依次为：上辈监护、祖辈监护、自我监护、同辈监护、逆向监护，呈现多样性特点。农村家庭在考虑打工经济收益的同时，往往会顾及孩子的需求，通常会留一方来照顾家庭，也就是说，半留守儿童比例较高（占 79.65%），其中，以父外留守儿童为主（69.47%），母外留守儿童占 10.18%；农村家庭中的父母出于经济效益最大化的考虑，而选择双双外出务工，完全留守儿童约占 20.35%，如图 4-19。

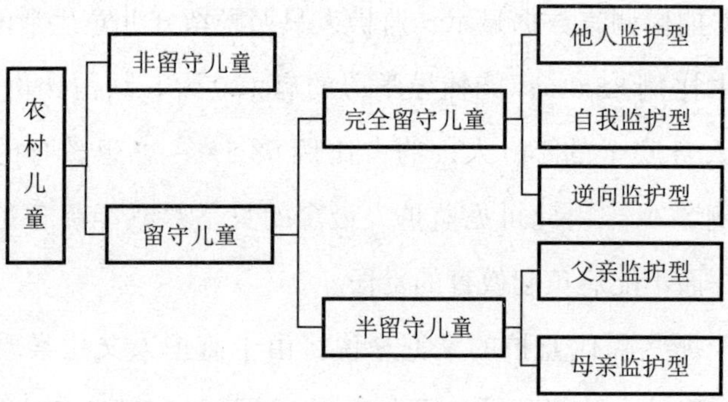

图 4-19　农村儿童类型

完全留守儿童多为祖辈监护，多属于自然呵护型，重养轻教，溺爱纵容，隔代监护问题比较突出；由于父母双双外出，对子女难以实施正常的家庭亲子教养，被托管的监护人（上辈托管或同辈托管）由于与管教对象的非亲子性（并非自己所生），对被托管父母的亲疏性（与自己关系亲密程度）以及自身对留守儿童教养的非了解性，往往疏于管理与教导。通常完全留守儿童步入初中阶段以后可能还会出现自我监护（约占 2.8%）与逆向监护（约占住 4%）情况：前者等于没有监护，后者所背负的身心压力与他们的年龄并不相称，有深度的疲惫感。

4.2.2　留守留给学校教育的尴尬

4.2.2.1　农村学校教师资源失衡

教师队伍的城乡差距悬殊，是我国基础教育事业发展过程中的一个普遍问题。农村中小学无论是发达地区，还是欠发达地区，几乎都存在教师队伍数量不足、素质较低的问题，并且随着农村经济的发展和教育事业的发展，这个问题越来越突出地表现出来。

4.2.2.1.1　农村中小学教师队伍数量不足，代课教师比例较高

从整体上看，我国城市、农村普通中小学生师比呈现出农村高于城市的形态。在一些贫困的农村地区，专任教师严重短缺现象十分普遍。由于专任教师短缺，许多农村中小学只能聘任大量的代课教师。据调查，2011 年，我国仍存在 29.7 万代课教师，其中小学代课教师有 20.4 万，中学代课教师 9.3 万人。农村地区共有 17.1 万代课教师，中小学代课教师基本上集中于农村地区（表 4-10）。由于城乡差别以及教育管理体制等原因，城乡教师余缺难以互补。农村地区较差的办学条件和缺乏保障的工资待遇不仅不能吸引优秀教师，还导致教师不断流失。当前农村教师流

动呈现出流动人数比例大，流速快以及流动单向性等特点。教师流动的方向主要是从待遇差的农村和中小城市流向条件好的县城或大中城市。农村教师的不断流失也加剧了城乡基础教育师资的差距。

表 4-10　2011 年普通中小学代课教师城乡分布情况❶

项目	中学	小学
城市学校专任教师 / 人	1 272 483	947 337
城市学校代课教师 / 人	31 069	28 513
代课教师比例 /%	2.44	3.01
农村学校专任教师 / 人	1 376 920	3 190 526
农村学校代课教师 / 人	61 735	175 287
代课教师比例 /%	4.48	5.49
农村代课教师占代课教师的比例 /%	66.38	86.01

4.2.2.1.2　农村教师队伍素质偏低，教师不合格率比较高

与城市相比，我国农村中小学教师队伍素质明显偏低。2011 年小学和初中高学历专任教师的比例城乡差距分别为 33.44 和 27.85 个百分点（表 4-11）。这表明，中小学专任教师队伍中高学历教师所占的比例，城乡差距非常突出。城乡教师队伍素质的差距不仅仅表现在专任教师队伍素质的差距上，如果考虑到所有在岗教师（包括专任教师、民办教师、代课教师等），城乡差距则更加悬殊。与城市教师相比，农村教师的来源渠道是多方面的，从历史渊源上看，也是较为复杂的，例如代课教师、民办教师等具有中国特色的教师类别。长期以来，由于农村地区代课教师的比例较高，导

❶ 数据来源：中国教育统计年鉴（2011）。

致教师的不合格率也较高。2010 年发布的《国家中长期教育改革和发展规划纲要》提出，以农村教师为重点，提高中小学教师队伍整体素质。完善并严格实施教师准入制度，严把教师入口关。国家制定教师资格标准，明确教师任职学历标准和品行要求。建立教师资格证书定期登记制度。省级教育行政部门统一组织中小学教师资格考试和资格认定，县级教育行政部门会同人力资源社会保障等部门按职责分工依法履行中小学教师招聘录用、职务（职称）评聘、流动调配等职能。显然，目前一些农村地区中小学教师队伍的整体状况与国家要求相差甚远。

表 4-11　2011 年我国城乡义务教育师资学历情况[1]

指标	小学		初中	
	具有本科及以上的专任教师 / 人	具有本科及以上的专任教师比例 /%	具有本科及以上的专任教师 / 人	具有本科及以上的专任教师比例 /%
城市	460 944	48.66	583 639	82.67
农村	485 436	15.22	697 035	54.82

4.2.2.1.3　专业教师结构不合理

文化基础知识学科教师与职业技术学科教师比例严重失调，造成农村初中分流教育的困难。另外，在文化基础知识学科中诸学科的教师余缺不均，如语文、数学、物理、化学学科的教师充足，体育、音乐、美术、外语教师严重不足，造成农村中小学开齐课程、开足课十分困难，体音美课程基本都是其他学科教师兼任。农村教师队伍的现状令人担忧，这个问题不解决，提高农村教育质量很难落实。2001 年，国务院批准了教育部制定的《基础教育课程改

[1] 数据来源：中国教育统计年鉴（2011）。

革纲要》(下面简称《纲要》)。《纲要》对基础教育的课程体系进行了改革，其明显变化是将原来的一些单科性课程整合为综合性课程，例如小学、初中的音乐和美术课合二为一成为艺术课；初中的物理、化学和生物整合为科学课；初中的历史与社会涵盖了历史与地理；小学、初中和高中还增加了综合实践活动课，其中包括研究性学习、社区服务及社会实践等内容。2002年年初，教育部和原卫生部联合发布了《中国儿童精神卫生保护条例》，要求中小学全面开设心理健康教育课。《纲要》和《中国儿童精神卫生保护条例》的出台，对中小学师资队伍建设提出了新的任务，对于广大的农村教师来说是一个严峻的挑战，势必会加剧我国农村中小学教师的结构性短缺。

总之，城乡师资水平的差距，造成部分农村儿童享受不到平等的人力资源。城市优秀的教师具备先进的教学理念，掌握信息时代新的教学方式，具备一定的现代教育技术能力；另外，城市学校注重信息技术与课程整合的实施，重视课堂教学改革，重视教师的教学科研能力培养。因此城市学校的教育质量基本上符合社会对教育的要求，达到家长的期望，满足学生发展的需要。而农村教师固守着原来的传统教学模式，忽视了对学生自主学习和探究精神的培养，学生在学习方式、方法上没有选择的权利，教师在课堂上“满堂灌”，单方面向学生灌输知识，剥夺了学生参与教学过程和自主探究的权利。另外师生关系仍处于不平等状态，学生的多元智能得不到很好的开发与培养，教学效果自然无法与城市学校相比。

4.2.2.2 教育过程强调应试化

由于家庭生活的不完整，农村留守儿童在心理发展上存在很多的困惑与问题，他们需要学校给予更多的帮助与疏导，需要通过教师集体的温暖弥补亲子关系缺失对其人格健全发展形成的消极影响，但在一些农村，教育行政部门对学校教育质量的考核大多还停留于以升学指标的传统评价标准，使得学校的教育教学过程过多过分地关注学生学业成绩，有的学校甚至把学生考分、升学率同教师的工资、奖金挂钩，这就使得教师不堪重负，根本无法管，大多数学习成绩较差的留守学生，常常被忽视，很难得到老师和同学的帮助，他们在家中得不到应有的关爱和温暖，如果在学校也得不到鼓励和帮助，反而经常受到批评、讽刺和怀疑，长此以往，孩子就会感到没有安全感，缺乏生活的乐趣，结果必然会出现心理缺陷或行为变异。

农村中小学校领导在思想上普遍不够重视德育工作，升学目标是否完成始终是农村基础教育关注的重点，对学生的思想品德教育常常是次要和辅助的工作。受资金和人员条件的限制，很多学校德育工作的教学投入明显不足，往往只重形式，实效不大，农村学校的德育工作形式也比较单调古板，德育内容陈旧老化，不能有效联系现阶段孩子的生活实际，跟不上时代前进的步伐。比如，对农村学生而言，最具吸引力的也是他们最关心和最感兴趣的是时尚潮流方面的内容，这本是极好的可以开发的德育资源，但农村学校的德育工作却缺乏教会和引导孩子如何正确看待这类内容的方法和技巧，以致德育工作陷于空洞说教，显得苍白无力；中考的指挥棒，也使农村教育没能摆脱应试教育的阴影，农村教育也还是定位在升学教育的理念上，教师并不能照顾到所有学生，因为升学率是硬指标，是最有发言权的，在一定程度上，它决定着学校的生存和发展，决定着老师的工作成绩的好坏。在这种环境下，老师难以抽身去照顾留守儿童，尤其是升学无望的留守儿童更容易被冷落一旁，这能完全怪老师吗？

4.2.2.3 学校教育心理辅导的缺失

亲情的缺失，导致留守儿童出现了很多心理问题，比如内向、孤僻、冷漠、抑郁等等。据一些学者调查资料中的教师们反映，在面对农村留守儿童的这些心理问题时，大多数农村学校教师都觉得束手无策，最主要的原因是他们没有受过心理学方面的培训，不了解孩子的心理，也缺乏较熟练的心理疏导技巧，一些基层教师普遍认为一所学校至少应配备一名专（兼）职的心理咨询老师来负责解决孩子心理上的问题，但现阶段的一个重要现状就是农村中小学教师师资缺乏，低工资和低待遇水平难以吸引受过专业训练的心理学教师。

4.2.2.4 学校管理不当

农村留守儿童是随着农村劳动力向城市转移出现的特殊群体，农村留守儿童教育问题是近年来才凸显出现的新问题，它既是中国工业化和城市化发展过程中必然要面对的问题，也是中国义务教育发展中出现的新情况，对中国现有义务教育管理体制和学校教育体制都提出了新的挑战。要解决这些问题既没有外国的经验可循，也没有国内的模式可以借鉴，虽然现在农村留守儿童教育中存在的问题已经引起了国内外相关学者和政府及教育部门的重视，并且已经采取了一系列改善农村留守儿童受教育环境、保障农村留守儿童受教育权利的措施。然而，个别学校仍然没有对农村留守儿童教育引起足够重视，也没有出台相应的教育管理制度。有的学校虽然制订了一些相关管理措施，但缺乏有效地监督执行，给留守儿童教育问题留下许多隐患。如何建立学校和教师关爱农村留守儿童动力机制，显然需要从教育制度和政策上寻求突破，当前的学校还受到

“应试教育”的影响，注重尖子生的教育培养，注重学校的“升学率”，对后进生的关注较少，对农村留守儿童的管理是心有余而力不足，对农村留守儿童的教育没有一套完整的措施，没有把留守儿童的教育管理纳入学校的管理规划中，管理上很盲目。

寄宿制是解决农村留守儿童教育问题的有效途径之一，但很多农村中小学没有寄宿的条件。关于留守儿童教育的工作一般直接由班主任老师接管，少部分有寄宿条件的学校，由于费用的问题，没有配备相应的生活老师，而班主任的教学负担很重，很少有计划、有组织地对留守儿童进行各个方面的教育，为留守儿童很难提供针对性、个性化的辅导和管理。不能对其在生活上或学习上实行特殊的关照，一旦出现问题，老师解决问题的能力也很有限。教师还忽视各个学生不同阶段身心发展的不同特点，脱离了各个学生在成长中的不同家庭背景。很多学校在一开始对留守儿童的教育管理也是尽心尽力，但经过一段时间后，发现留守儿童的教育效果不是很明显后就懈怠了。教师对留守儿童教育管理的认识不足，要知道“冰冻三尺，非一日之寒”，因为形成留守儿童问题的原因比较复杂，在其“知”与“行”的转化过程中，教师要有足够的耐心。学校没有发挥自身的优势对农村留守儿童进行管理，学校在教学实践当中应积极地创新和探索帮助留守儿童管理和教育的新方法。

学校的科学管理以及高素质的教师，是学校教育取得成功的关键。但我们广大中部农村地区的实际状况却令人担忧，解决农村留守儿童问题，必须提升广大农村中小学的学校管理水平，这就给学校的管理者提出了新的挑战，学校领导们应该真正重视、切实关心留守儿童的教育问题，建立科学的管理制度和管理方法，尤其是不能以班级的学业成绩、升学率等指标来考核教师，而应将对留守儿童的教育和关怀列入学校的整体规划和教师的绩效考评体系，形成一种关爱留守儿童的良好校园氛围。此外，学校还应积极创造条件，鼓励教师在做好本职工作的同时，通过多种学习途径提升自身的理论水平和业务水平，不断提高教师的综合素质，为留守儿童教育提供良好的师资力量。

4.2.3 留守儿童产生的社会根源

4.2.3.1 中国农民问题

据有关资料显示，我国耕地面积仅存18亿多亩，按农村现有劳动生产力水平和生产规模进行推算，仅需1.5亿劳动力，而现在农村劳动力有近5亿，剩余劳动力近3.5亿。改革开放以来，区域经济发展与城乡经济发展的不平衡，使大部分地区农村经济仍然处于徘徊不前的状态，农村经济发展整体水平依然不高。随着市场经济体制的逐步建立和发展，第二、三产业发展对劳动力的需求越来越大，农村劳动力的过剩、城市化的加速等一系列因素，推动了20世纪80年代人口流动规模的迅速扩大。1989年，中国大地第一次出现汹涌的民工潮。2000年第五次人口普查的统计数，离开户籍所在地半年以上的人口为1.2亿，其中进入城镇第二、三产业企业打工的农民工约为8000万人。据原农业部、原劳动和社会保障部等有关部门估计，2002年离土离乡的农民工约为9640万人。党的十六大报告提出，要用城乡统筹的眼光来解决中国的农业、农村和农民问题；党的十七大报告又在促进国民经济又好又快发展中明确指出：统筹城乡发展，建立以工促农、以城带乡长效机制，形成城乡经济发展一体化新格局。这就意味着在近期内仍然还会有大量农村剩余劳动力要进入城市。至目前，农民工人数已逾1.2亿之众。而大量的农民工涌入城市之后，他们所从事的职业，基本上都是城镇居民所从事职业的一种补充。而 20 多年过去，来到城市的农民工却仍然处于城市边缘状态，无法融入城市居民之中。

农民工居住、工作条件十分恶劣，法定休息时间基本没有保证，失业、医疗、养老等社会保障基本上把他们排除在外。在大部分建设项目施工现场，工地、宿舍昏暗拥挤，卫生条件极差，生产生活设施普遍简陋，且存在严重的安全隐患。许多个体老板采取低成本投入，更舍不得成本进行用工安全投入。特别是近 20 年来，农民对流入地经济发展做出了重大贡献，可他们却受到过剩劳动力背景的挤压，工资水平仍然长期处于低迷状态。可以说，目前农民工群体作为城市越来越不可缺少的建设者，仍然是社会的一个弱势群体，他们的社会经济文化地位、生活状况仍然处于社会底层。而正是由于这份处于社会底层、身在城市却融入不了城市的尴尬，造成了他们在从业过程中自身无力解决各种矛盾和问题，时常要面临种种困境（如工资讨要难的问题、生命安全无保障问题、丧失亲情与夫妻感情问题等），这种物质上的无保障感与精神上的焦虑感，从某种程度上也导致了对留守农村的孩子家庭教育管理方面的许多空缺与失误。

4.2.3.2 公共政策的制定与实施出现了偏离

“我国经济的发展是以长期牺牲农村和农民的切身利益为代价换取的”[1]，这造成了农村经济发展相对滞后，城乡发展不平衡，这成了三农问题最终解决的障碍，也是导致农村留守儿童教育问题产生的根本原因：城乡经济发展的巨大反差，收入水平的现实差

[1] 郑杭生 . 中国社会发展研究报告 [M]. 北京 : 中国人民大学出版社 , 2003.

距，引起了农村大量劳动力流向城市，出现了农村留守儿童的教育问题。城乡基础资源配置上不均衡，农村基础教育投入大量投向城市，形成了城里校园像别墅，农村教室多危房的鲜明对比，城里教师数量逐年增长，而农村教师匮乏的状况一直未从根本扭转，这使农村留守儿童的受教育权得不到保障，引发了许多教育问题。新农村建设实施以来，农村相继建立健全了最低生活保障制度、新型农村合作医疗制、新型养老保险制度，有关资金承担的模式大部分依靠中央财政补贴，剩余部分由地方财政配套，造成了农村社会保障的强度极为有限，政府疲于应对农民保障资金的刚性支出[1]，很难拿出更多财政支持农村发展。

多年来，城乡二元制户籍制度虽然与长期存在的城乡二元分割相适应，但是客观上形成了因出生地不同而身份“天然不同”的差异，使大量进城务工农民被强行排斥在城市居民之外，他们要想带子女跟在身边就必须承担高额的借读费用、生活费用，只能被迫把子女留在老家生活学习。目前，在新农村全面建设发展的背景下，农村经济社会仍相对落后，对多数农民而言，外出打工是改善家庭经济最有效的捷径和出路，因此农村经济社会发展的滞后和多年的城乡二元结构是产生农村留守儿童教育问题的根本原因。解决农民工的子女在城里上学的问题是化解农村留守儿童教育问题的最直接方式，但是这需要法律制度上的许可，需要财政资金上的支持。就目前来说，不少城市放开了农民工的子女到公办学校的入学门槛，但是伴随着大量农民工子女涌入城市，学校的承载量和教育资金的配套都不是一个小数，政府是放是收面临“瓶颈”考验。在农村留

[1] 叶敬忠，王伊欢等．对留守儿童问题的研究综述 [J]. 农业经济问题（月刊），2005(10).

守儿童教育问题上，是近年来不断引发关注的热点和焦点，为应对影响日益广泛的现实问题，各级政府制定出台了不少政策办法，如国务院制定的《关于进一步做好进城务工就业农民子女义务教育工作的意见》《关于贯彻落实中央指示精神积极开展关爱农村留守流动儿童工作的通知》等，但从实施效果看并未解决农村留守儿童教育问题，究其因在于政策缺乏连续性、长远性，只是随着问题的不断衍生反复调整，处于一种被动应付的应急状态。“当政府认为某种公共问题对社会健康发展产生妨碍时，当公众出现政策诉求时，公共问题就变成为公共政策问题”[1]，同时，公共政策对实现社会公平有重要责任：社会弱势群体拥有信息、财力较少，作为利益集团，组织化程度低，“缺乏正常的利益表达机制和补偿机制”[2]，弱势群体理应成为公共政策照顾的对象。农村留守儿童教育问题已成为广受关注的公共性社会问题，作为弱势群体，农村留守儿童在政策制定过程中利益表达与实施过程中的利益照顾处于的双重弱势。

4.2.3.3　户籍制度的束缚

城乡二元经济体制及户籍制度的束缚是农村留守儿童教育问题的根本原因。我国在 20 世纪 50 年代末就产生了城乡二元经济体制，是根据我国当时的基本国情和城市优先发展的战略而制定的，为了限制农村人口流入城市。城乡二元分割主要是我国城市和乡村在经济上及其他各方面存在差异。比如：在城市实行社会化生产的城市经济和在农村实行小生产的农村经济；城市基础设施发达，而乡村基础设施落后；在保障制度上，城市大多数人

[1] 胡宁生 . 现代公共政策研究 [M]. 北京：中国社会科学出版社 .2000.

[2] 王春福 . 改善民生与关照弱势群体的公共政策运行机制 [J]. 理论探讨 , 2003.(2).

都享有，而农村大多数人则没有享受到社会保障等。二元分割体制最直接的表现是我国所实行的户籍制度，我国的户籍制度分为城市户口和农村户口，户籍制度是我国最初实行计划经济体制的产物。这在新中国成立初期确实起到了一定的积极作用，但随着社会的发展，它束缚了城乡之间的交流，阻碍了农村人口城市化的进行，加剧了社会分化，拉大城乡贫富差距。它有一定的世袭性，子女的户籍取决于家世；户籍还带有一定的身份象征，户籍不同，所受的待遇也有所不同；特殊性，户籍制度还和其他一些制度相联系，原有的功能弱化，产生了与户籍相关的一系列社会利益问题。户籍制度对留守儿童教育问题的主要影响：一是农村留守儿童由于是农村户口，所以只有在农村能够接受九年义务教育，如果离开户口所在地就不能平等地享有受教育的权利。二是由于户籍制度的限制和它所派生出来的教育制度，农民工子女和市民子女在入学时受到不平等的待遇，城市学校要么不收农民工子女，要么向农民工子女收高价的借读费。虽然当前国家制订了一些新政策，要平等对待城市儿童和农村儿童，取消借读费，但是大部分学校没有执行相关政策，还是收取昂贵的借读费、学杂费等费用；再加上在城市的住房难、看病难问题，农民工不得不忍痛把子女留在家乡。三是考试制度受到户籍制度的"管辖"，要求学生必须在原户籍所在地进行中考或者高考，并且城市和农村的课程设置方面不同，这使得想跟随父母在城市上学的农民工子女，想把孩子带在身边上学的农民工只能放弃此念头。农村留守儿童从父（母）进城务工那天便失去了完整的家庭教育，加上儿童心理压力大，留守儿童教育问题自然就出现了。农村留守儿童问题出现与农民工家庭成员的分离有着直接的关系，这种现象的产生却又与中国的户籍制度及其相关制度密不可分。

我国从 20 世纪 60 年代初开始，实施了严格的城乡二元体制，即，将户籍分为城镇户口与农业户口。农村户口（户籍身份）是不能改变的，而且，这种农村户口具有继承性或世袭性。改革开放后，尽管对人口流动的限制逐步放宽，农民有了进城打工，就业的自由，但户口政策并没有得到根本的改变，城市户口和农村户口之间仍然存在着难以逾越的鸿沟，进城的农民工难以在城市生根。在这种状况下，中国农村中的剩余劳动力向城市流动，采取的不是世界各国在现代化过程中普遍采取的劳动力和人口转移的方式，而采取了农民工这一扭曲的流动方式。农民工这个词表明的不仅是一种职业，更主要的是代表着两种身份的结合，其中的农民，表明他们的固有社会身份；工，则表明他们同时参加城市工商业生产活动的城市身份。[1]一方面他们的户口在农村，被认为或自认为根在农村，家在农村，不能被城市中的居民认可和同化，即使在诸多文献中仍旧把他们统计为农村剩余劳动力范围内。农民工现象的出现，本来只是应急性的权宜之计，却逐渐演变成为一种制度性的安排，虽然农民工在城市已有几年甚至十几年的历史，在职业观念、生活方式上也与城市居民逐渐接近，但是他们仍然被政府和城市居民看作是农民，正是由于这种制度安排的惯性使改变了生活场所和职业的农民仍然游离于城市体制之外，以农民工的方式生活于城市中。目前对于城市农民工采取的是集体排斥的对策，即农民工由于不具有城市的正式户口，他们整体就被排斥在城市的正式居民之外，这样，农民工子女随父母进城的困难程度更甚。

---

❶ 宋嘉革：浅析农民工外出劳动力双重身份问题 [J]. 农业经济导刊 , 2005(2).

另外，由户籍制度派生出来的其他一系列政策和制度，如教育制度、住房制度、社会保险制度、社会福利政策等，形成了强大的阻止农民工及其子女融入城市的制度性障碍，特别是教育制度使得农民工子女入学受到不公平的待遇。

4.2.3.4 政府缺乏相关的政策支持和经费保障

在我国，农村向城镇的人口流动已经成为一种持续多年的社会现象。伴随着人口流动数量的增多和流动速度的加快，农村留守儿童问题也日益凸显，迫切需要政府相关的政策支持和经费保障。但从现实情况来看，地方政府缺乏相关政策的有力支持。目前一些地区党委和政府还没有认识到解决农村留守儿童问题的重要意义，工作机制尚未完全建立起来，部门之间缺乏良好的协调联动。政府没有制定出更多的政策来支持关爱农村留守儿童，其政府主导还没有完全体现出来，更多的是群众自发组织开展社会关爱。同时，有些地方由于经济社会发展等诸多因素的制约，在解决农村留守儿童教育、医疗等突出问题上缺乏应有的经费的保障，从而导致一些地方工作浮在面上，出台的政策缺乏可操作性、针对性，政策措施不能得到很好的落实。如公安部门、卫生部门、计划生育部门等都有自己的育龄妇女基础信息和流动人口交流平台，统计部门也有自己的调查，因此部门在出台政策时无法做到统筹衔接。

4.2.3.5 相关法律政策不完善

目前农村留守儿童保护工作在法律法规面前不仅缺乏针对性，而且力度也不够，导致农村留守儿童的生活、教育中出现的一系列问题，依据现有的法律难以得到解决。解决农村留守儿童问题，需要农民工输入地和输出地很好地相互配合，采取积极卓有成效的措施。但由于目前资源转移、衔接机制还没有完全建立起来，在一定程度上输入地和输出地还存在着相互推诿的现象。部门联动机制在一些地方也没有建立起来，信息共享机制也尚未建立，由此产生了信息不全信息闭塞而影响了实际问题的解决。

4.2.3.6　社会层面支持动力不足

社会是农村留守儿童成长生活的重要场所，农村社区是农村留守儿童社会活动的主要场所，社会社区环境对农村留守儿童的教育具有重要的影响。

（1）社会支持力度不够。社会方面对农村留守儿童的关注越来越多，但还是主要停留在对他们生活条件等物质基础上的关心，而对农村留守儿童心理健康、安全守护等精神层面关注的少，对农村留守儿童教育存在的问题也尚未引起广泛重视。调查发现，长期以来，社会对农村留守儿童的认识，存在着狭隘认识误区，表现在认为农村留守儿童的关心重点是生存权利、生命安全的保障，忽视了对农村留守儿童的管教，更不说他们全面发展的需求，更有甚者，错误地认为农村留守儿童教育问题是家庭父母的责任，质疑把有限的社会资源用在农村留守儿童身上是否存在浪费。安徽省部分农村留守儿童成长中存在的问题主要是教育问题，包括安全、心理、道德等具体方面，这些问题的解决需要社会的配合参与，但社会还停留在呼吁的层面。农村留守儿童教育问题的解决需要形成政府主导，社会参与来共同互动应对。社会组织发展度不高，没有发挥出政府“减压阀”和“调节器”应有的作用。目前，对弱势群体的救助仍以政府为主，在对农村留守儿童教育工作方面，社会各方依赖于政府的制度设计、资金安排，缺乏工作的主动性、缺少工作的必要力量，在安徽，多数社会组织与政府有着依附关系，项目计划通常是由政府制定和资助，难以自主发展致力于解决社会问题，这样，对农村留守儿童教育出现的问题，在政府缺位或失灵的时候，社会组织无法发挥相应的社会责任，弥补政府不足。另外，在县域层面，还面临着公众社会参与的积极性低，民众有捐赠意愿的较少，而外在的大型援助组织乃至国际援助组织的援助项目很难落到该地，使社会方面对农村留守儿童教育管理上应对乏力。

（2）社会环境的不利影响。社会是人成长成才的重要场所，作为社会人的个人无法与社会隔绝，人在接触社会时直接影响着道德观念的形成和行为规范的养成，而少年时期正处于价值观念的形成阶段，社会环境带来的影响更重要、持续时间也更长，农村留守儿童正处于这个阶段，无论教育还是成长，都需要良好的社会环境。从农村社会环境分析，首先应当看到传统的乡村文化中有着内容丰富、积极向上的教育资源，例如优良传统、民俗传承、地域文化等。邹城是孟子故里，孟母三迁教子的佳话传承千年，家喻户晓，这对当地教育文化的形成有着积极的促进作用，其本身也说明了社会环境对教育影响的重要性。再比如大束镇匡庄流传着匡衡刻苦学习的故事，周边村庄从父母到子女都长期受到了历史人物的积极影响，出现了不少“状元村”，这些对农村留守儿童的健康成长提供了有力的支撑。当然如何发挥乡村优秀文化对农村留守儿童教育引导还需要进一步研究；另一方面，农村不良社会环境因素对农村留守儿童教育起到了巨大的阻碍作用。对正常家庭而言，父母充当了阻挡不良社会风气的第一道防线，对农村留守儿童而言，当生活在复杂混乱的社会环境中，缺少父母的言传身教，容易受到各种不良社会风气的侵害，教育上面临着严峻挑战：从安徽部分农村社会现况看，农村社会进步发展迅速，尤其是新农村建设全面铺开以来，建设了大量的农村基础设施，文体娱乐设施，但是能直接供少年儿童利用的并不多，地区网吧、台球厅等游戏摊点成为农村留守儿童课外娱乐的主要场所，加之农村地理位置偏远监管力量薄弱，严禁未成年人进入的制度规定执行不好，使农村留守儿童沉溺其中，并增多了沾染打架、赌博、抽烟等不良习气的社会风险。另外，经济发展对精神生活相对落实的偏远村庄也带来了思想观念的更新，那些不正确的价值观也传递进来，对农村留守儿童进行着潜移默化，如南方发达地区农村存在着“读书无用论”“上大学不如打工挣钱”思想，外出务工的农民深受影响，也使得“农村留守儿童教育的目标不是学习好而是去城市打工赚钱”，这不单是农村留守儿童教育一方面的问题，长此以往，对农村人口素质的提高产生严重的制约，其本身与新农村建设目标背道而驰。

4.2.3.7　灰色污染的侵蚀

伴随当今社会经济的不断迅速发展，网吧、游戏厅、录像厅等如雨后春舆般在农村扎根成长。然而，令人担忧的是，这些场所在带给农村广大人民便利的同时，由于缺乏有效的监督和管理，导致部分场所成了留守儿童问题的滋生地。特别是“黑网吧”的泛滥，使很多农村儿童，尤其是缺少家庭和学校有效管理的留守儿童沉迷于网络。少年儿童的世界观、人生观还没有形成，这就好像初生的婴儿还没形成良好的免疫系统，本身抗病能力就差。如果完全失去家庭教育这个环节，没有父母良好的教育与管制，就这样完全裸露在社会环境中，孩子像白条条的身子进入了社会这个大染缸，社会不良环境就会像细菌一样对孩子不断侵蚀。行走在城市与农村之间，笔者感受最深的不仅仅是物质文明已经形成鲜明的对比，还有作为公共环境应有的精神文明建设。精神文明秩序的脏、乱、差，对农村留守孩子的影响不可低估。

由于青壮年的缺席，许多乡村缺乏生机与活力。一个年龄段的断层，使留守的孩子和老人失去依靠，也使整个农村原有的积极健康的精神生活黯然失色，代之而粉墨登场的，大多是被中心城市踢出的灰色精神垃圾与变态、变质的文明。黑网吧、电游、淫秽表演、暧昧的性娱乐广告牌，甚至于庸俗至极的公共影视娱乐等等，倒成了留守孩子家庭之外的精神栖息地。没有父母完整的爱和适时的监管，社会保护机制没有形成，处在心理不成熟期、性格不稳定期的留守孩子，只要走出家门，便很难持守原本纯洁的心灵。一到夜晚，诸多农村留守孩子时间大多花在了电子游戏和网络上，让代管家长伤透脑筋。

4.2.4 留守儿童自身方面的原因

4.2.4.1 缺乏自我保护意识

在两所学校的调查数据显示，留守儿童的年龄主要集中在14岁以下，这说明留守儿童的年龄普遍偏小，缺乏自我保护意识和自我保护能力，由于缺乏法律、生理、安全方面的知识，留守儿童的权利得不到保障，容易受到外界的伤害。2007年春节，宿州泗县山头镇一位名叫明明的7岁留守儿童，由于父母外出打工，跟着爷爷奶奶生活。一天在邻居家捡鞭炮时突然地上的鞭炮爆炸，五个手指头全被炸掉，致使小孩终身残疾。调查也表明，有40.4%的留守儿童在遇到困难时寻求的援助对象是同学或好朋友，原因是当父（母）外出后，留守儿童在成长过程中心理和生活需求既不能从父母那里获得，又不能从老师那里获得时，他们就往往把这些需求的满足转向朋友。但留守儿童因自身年龄的因素，阅历和经验并不充足，不能很好地辨别是非好坏，交友不当，很容易被一些坏人引入歧途，从而导致严重问题的发生，对他们的健康成长非常不利。从儿童发展的角度看，儿童期是人的生理和心理发展的关键时期，也是人早期社会化的重要阶段，儿童在青少年成长时期，不仅是个体生物性发育的阶段，更是他们发展自我的心理发育阶段。留守儿童正处于这一特殊时期，还没有形成独立的价值观，其身心处于一种非平衡状态，面临着种种心理危机，由于长期无法享受到父母在思想认识及价值观念上的引导和帮助，加上监护人的监管不力，导致情感上的偏离和个性心理发展的异常。留守儿童心理和性格朝着非健康和非积极的方向发展的可能性大大高于其他的孩子，在行为上容易出轨，同时，因缺乏父母的有效监督，影响了留守儿童自控力的形成，自觉性较差，自律意识不强。总之，通过对我国农村留守儿童现状及成因分析研究，我们可以看出，当前社会引导、家庭监护、农村学校管理等方面均存在严重的不足，留守儿童出现的问题不能简单归结为父母外出这个因素，父母不在儿童的身边只能是催化和加重了儿童本来就处于萌芽状态的一系列问题，留守儿童问题和流动儿童问题是我国流动人口子女问题的两个方面，他们在个体成长与发展过程中具有某种同质性，与流动儿童相比，留守儿童并不是一个是否有机会接受教育的问题，它更多的是一个由于父母外出打工引发情感教育、心理教育缺失，致使留守儿童个体性格孤僻、情感冷漠、世界观模糊的问题。留守儿童问题是农民贫穷、农村落后、农业滞后的三农问题的延伸，是我国农村问题在社会转型过程中的特殊表现，具有一定的普遍性，它产生的关键是农村劳动生产力外出打工导致家庭教育的缺失根源，在于我国长期以来实行的城乡二元户籍制度和国家政策上的倾斜，导致城市和乡村的发展极度不平衡、农村经济发展滞后、农村基础教育整体质量不高，而农村留守儿童问题正是这种城乡不均衡发展的具体表现。

4.2.4.2 留守儿童自我教育存在缺陷

家庭、学校和社会教育的目的就是通过外界的各种影响来塑造和培养留守儿童成为社会的有用之才。然而，外界的各种影响都是留守儿童教育的外因，留守儿童的自我教育才是其思想和行为发展的一个很重要的内因，在其成长中发挥着巨大的作用，它有利于个体角色的内化，也有利于自我心理矛盾的疏解。但是，从现实来看，农村留守儿童自我教育存在缺陷，具体体现在如下方面：

（一）自制能力弱，自我教育力不从心。在访谈过程中笔者了解到，很多农村留守儿童在父母外出务工后，也很想自己照顾好自己，以此来减轻父母的精神压力和负担，让父母在外安心工作，但是往往在实际做的时候却身不由己。这些首先是由他们的年龄层次所决定的，他们处在成长和发育的初级阶段，没有形成独立的价值观，其身心也处于一种非平衡状态，面临道德、心理等种种危机，不具备完善的辨别是非善恶的能力，不具有独立的行为能力。面对光怪陆离、复杂多变的社会环境，很多成年人尚不具备完善的辨别能力、防范能力和抵制诱惑能力，更别提处于社会化初级阶段又缺乏家人监护和指导的留守儿童。其次，由于长期得不到父母在思想认识及价值观念上的引导和帮助，缺乏有效地监督，农村留守儿童的自控能力也很难形成。因此，农村留守儿童普遍存在自觉性差，自律意识不强等问题，面对一些问题的时候，他们也往往会感觉到自律能力的脆弱和自我教育的力不从心。

（二）安全防范意识弱，人身伤害事故频发。安全意识是人们在日常生活、生产活动和社会活动中对自身安全作出的反应和控制，并通过思维、情感、习惯、信念等表现出来对于农村留守儿童而言，他们在生理和心理上都处于弱势地位，生命成长的每一步都面临着挑战。首先，随着其生活范围的扩大，独立意识的增强，好奇心和求知欲的农村留守儿童教育问题探析旺盛，什么事情都愿意自己动手去尝试，去探索，这是他们成长中的进步表现。但由于年龄限制，农村留守儿童普遍存在着认知能力有限，对事物缺乏判断力等问题，当面临可能的伤害与危险时，他们往往不能够及时做出反应，容易发生各种危险事件。其次，有些农村留守儿童的监护人，特别是隔代监护的监护人，一味对农村留守儿童采取全方位的保护，许多本该孩子自己做的事情他们也全部代劳，实际上把对农村留守儿童的安全教育变成了对农村留守儿童的安全保护，这也在一定程度上剥夺了农村留守儿童安全防范意识的获得。调查表明，农村留守儿童由于年龄普遍较小，对外界的一些险恶状况缺乏防范意识和自我保护能力，缺乏法律、生理、安全方面的知识，在缺乏家人监护和指导的情况下，很容易受外界因素的影响和诱惑，容易导致一些安全问题。在调查过程中，笔者了解到，由于父母外出打工而致使孩子的安全受到危险的比率大大提高，比如交通事故，诱骗拐卖等事件屡屡出现。

4.3　解决农村留守儿童教育问题的途径与策略

4.3.1　家庭教育缺失需要补位

4.3.1.1　代理家长亲情结队大手拉小手

在社区或者城镇家庭里，选择一些家庭氛围温馨、教育成功儿女又热衷于公益事业的家庭，让他们成为留守儿童的“代理家长”，并让“代理家长”成为留守儿童家庭教育缺失的补充。在现代社会中，家庭作为工作之外的人们活动的另一个重要场所，发挥着休息和满足家庭成员精神需求的功能。家庭需要满足每一位成员的感情需求，从而来维持家庭的整体性。对于每一个家庭成员而言，各种心理立场的形成、个性的发展、感情的交流、思想的碰撞、品德的养成、情操的锤炼、爱的给予与付出、精神的安慰与寄托都离不开家庭。所以说家是温暖的爱的港湾。

第一，程序性的代理行为难以替代亲子之情。调查发现，大部分的留守儿童还是与自己的父母更亲近，这就说明亲子之情是不可能被取代的。代理家长虽然能够使留守儿童在情感上得到一些慰藉，但代理家长的关爱与留守儿童父母的亲情之爱是不能同日而语的。有了代理家长制后，留守儿童思念父母，孤独寂寞等问题依然存在。

第二，代理家长的身份尴尬。代理家长的角色有时会很微妙，特别是与留守儿童的父母、家中老人和其他亲属等监护人的关系较为复杂。农民工进城务工后，一般都委托自己的父母、亲戚朋友来照顾孩子，这些人才是真正意义上的“代理家长”。而我们所讲的“代理家长”与留守儿童之间更多的是一种帮扶关系。因此“代理家长”实际上是无权去“代理”留守儿童父母行使相关权利的。这也就导致了代理家长在管教留守儿童时明显存在力不从心的现象。管多了，留守儿童不愿意听，甚至会把关系弄僵；如果不去管，放任留守儿童，这又与代理家长的职责相悖，再加上留守儿童本身又是一个危险的群体，既有可能遭到他人的伤害，也有可能去伤害别人，因此，代理家长往往处于两难的处境，很难把握好管理的

“度”，即自己究竟要管到一个什么程度才是合理的。也有不少代理家长因此就明哲保身，只要留守儿童不出大题就不会去管。

第三，短期的帮扶难以保证教育的长效。代理家长与留守儿童之间的帮扶关系很容易发生变化，这主要是因为代理家长制中有三个变量：留守儿童父母、留守儿童、代理家长。农村留守儿童父母外出务工的期限是不确定的。今年在外头打工，明年说不定就留在家里；年初在外务工，年中也有可能不去了。留守儿童父母的去留直接影响到留守儿童的身份是留守还是非留守。同样留守儿童由于升学、转学或毕业，与代理家长的帮扶关系会发生相应地改变。另外，代理家长本身也有一些不确定的因素，如工作地点变换、身体方面的原因会辞去“代理家长”一职等。在调查中也发现了代理家长的帮扶关系并不能长久维持。代理家长的代理实际上是临时性的监护、教育。留守儿童在成长的过程中要频繁地接受不同的代理家长，接受不同的教育方式和思想观念，每适应一个新的代理家长或是一个新的环境，就需要花费不少的时间。因此，帮扶关系的短暂及经常性地变动必定会影响代理家长制的实施。也会给留守儿童成长带来不利因素。

在此，改善代理家长制的建议如下：

政府加大对代理家长制的扶持力度。笔者在调查中发现，政府虽然对代理家长制予以扶持，但主体地位不明显，缺乏具体有效的行动与措施。代理家长制的改进，首先就得从责任主体——政府下手：一方面政府要承担起管理的责任，建立组织领导机构，随着外出务工人员的不断增多，留守儿童问题成为社会关注的热点。大部分留守儿童都与祖父母生活在一起，这些隔代监护人由于文化水平和自身能力有限，大多只能照看孩子的日常生活，无法辅导孩子功课，为了给留守儿童营造更好的成长环境，庐江市开展了为留守儿童找“代理家长”的活动。这些“代理家长”大多是学校的老师、关工委“五老”和社会“爱心妈妈”组成的。他们与留守儿童试行“一对一”结对帮扶，定期对留守儿童进行家访谈心，在生活上细心照顾、学习上悉心指导和心理上耐心引导，做留守儿童生活的知情人、学习的引路人、成长的保护人。

如何正确发挥好代理家长制的作用呢？

第一，代理家长的出现满足了孩子对心灵沟通的渴望。如上文所述，有不少农村留守儿童在父母外出打工后觉得很孤独、害怕，这正说明了这些孩子渴望被关注、被爱。代理家长每周都会与留守儿童联系交流、辅导作业一次；每月会与留守儿童父母、任课教师、监护人联系，并且会把孩子带到自己家里玩，让他们感受家庭的温暖。代理家长与留守儿童之间的联系是相当密切的，一般住校的非留守儿童，他们与自己的父母的联系情况也不过如此，甚至还没有这么密切。一些代理家长工作做得很到位，深得留守儿童爱戴。

第二，代理家长使留守儿童生活、学习和情感上都感受到了更多的关爱。父母外出务工，使得留守儿童的生活和教育非正常化，这已成为普遍且亟待解决的问题。代理家长在一定程度上扮演着父母的角色，使留守儿童在生活上多了一份关爱，在情感上多了一些交流，在学上多了一些辅导，使家庭教育缺位的孩子得到了部分补偿，为其健康成长营造了一个和谐的空间。

此外，为了将代理家长制有章可循，必须做到以下两点：

第一，加强制度建设，组织协调各方关爱力量，明确社会、学校、家庭的职责等。政府要承担服务的责任，代理家长制要顺利实施，就要有效地组织代理家长，要有一定的资金投入，还要有活动场所等，政府在这些方面要提供保障。

第二，要明确代理家长的权责，发挥家庭教育的作用。在使农村留守儿童融入代理家长家庭的同时，更要培养留守儿童与外出打工的父母之间的亲子之情。有的孩子与代理家长感情很好，以至于和亲生父母之间的感情疏远。庐江某小学四年级的学生小丽在代理家长家中过节后，就不愿意再回到自己家，这时就要教育孩子回去与自己的亲人过节团聚。农村留守儿童家庭教育的问题主要应该在家庭内部解决，代理家长的角色定位是辅助和补充“家长”的角色缺位，留守儿童的父母还是应该切实承担起作为父母的责任。此外，代理家长工作要做得好，需要得到留守儿童父母的支持，外出务工的父母要多抽出时间加强与孩子之间的联系和沟通，加强与代理家长之间的沟通，这有利于代理家长更好地开展工作。

4.3.1.2　家长要肩负起爱的责任

4.3.1.2.1　父母和监护人需要树立正确的教育观，营造和谐家庭教育氛围

首先，父母和监护人要树立科学的教育观念，因为家长的观念会直接影响子女的学习动机和学习兴趣。因此，家长能否树立科学的教育观念，直接影响到家庭教育的科学性和家庭教育的效果。家长要全力支持子女的教育，保证其接受义务教育的权利，摒弃狭隘的“读书无用论”的思想，将子女的健康和发展放在首位。其次，加强父母与孩子的情感交流和亲子互动。苏联教育家克鲁普斯卡妮指出：“母亲是天然的教师。她对儿童、特别是幼儿的影响最大。”父母对子女的教育是一种天然的亲子氛围。因此，父母要通过打电话、写信、发邮件等各种方式主动与其子女联系和沟通，增加沟通

频率，鼓励孩子主动和自己沟通，提高“亲子沟通”的质量。这样既可以让留守儿童感受到父母的亲情和关爱，又可以使父母及时了解子女的生活学习情况和心理发展状况，从而有针对性地开展教育和引导。最后，加强留守儿童父母与监护人的交流与沟通。父母要给抚养人或监护人更多的监护权，让他们对留守儿童进行有效的监管，真正承担起教育孩子的责任和义务，努力为留守儿童营造近似完整家庭结构的良好的家庭教育氛围。

4.3.1.2.2 父母和监护人需要改进教育方式，建立积极的亲子关系

在教育孩子的方法上，父母或监护人既不能简单采取溺爱或放任自流的教养方式，不能一味地进行打骂或横加干涉，更不能“不懂”孩子，却拼命“教育”孩子，应弄清孩子身心发展的特点和规律，掌握孩子的个性特点。同时，留守儿童监护人应加强“赏识”教育，即鼓励、激励留守儿童，给予留守儿童更多的关注、关怀与关爱，目的是培养孩子的完整人格、引导儿童正常成长。另外，父母或监护人对留守儿童进行教育时要讲求教育的同步性，例如在家庭教育中各教育者的教育要同步，每位教育者对孩子的影响要配合一致，形成合力，决不能各唱各的调；家庭教育方法与孩子身心的发展要同步，小学时是小学时的方法，中学时是中学时的方法。

4.3.1.2.3 父母和监护人需要经常与学校进行沟通，及时了解孩子的成长动向

随着儿童教育越来越社会化，学校老师负责儿童的部分教育，全社会各个部门、单位、每一个个人对儿童都负有一定的教育责任，儿童的家庭教育也不再仅仅是家庭内部的事情。对于 6 ～ 16 周岁的留守儿童来说，他们正处于义务教育阶段，从上午到校到下

午回家，几乎整个白天的时间都在学校上课，老师对其表现比较了解。有家长表示“孩子不听我们的话，只听老师的话”。因此，留守儿童家长或监护人在对儿童进行教育遇到困难时，可以向老师咨询，寻求老师的帮助。留守儿童的父母应该经常向老师和监护人了解孩子的生活状况和学习情况，有条件的家长可以参加学校家长会或直接到学校和老师沟通。老师和家庭积极配合才能使留守儿童家庭教育产生更好的效果。家庭是农村留守儿童生活中最重要的环境，农村留守儿的世界观、人生观、价值观的形成，良好习惯的养成，教育理念的形成和成熟，离不开父母的教育。

4.3.1.3　搭建远程家庭教育平台

有条件的学校应开设视频或网络教育等优质教育，通过现在强大的互联网信息资源来加强留守儿童与外出打工父母的交流与沟通，让他们时刻了解自己的父母身在何方，做着什么，也好让父母能时时表达对孩子的关心与教育，既能及时了解孩子的情感心理变化，又能满足孩子对父母望梅止渴的亲情，从而促进留守儿童健康成长。

4.3.2　发挥学校教育管理优势力量

4.3.2.1　完善教育设施

随着我国综合国力的提升，我国的教育水平也在不断地提高，但农村教育发展缓慢，基础设施差等制约教学质量的提高，不能满足留守儿童的需求。学校教育承接着家庭教育的不足，并且还要承担着传授知识培育人才的责任。不断地完善学校的教育设施，为留守儿童提供一个好的学习环境，满足留守儿童不断成长的需求，使留守儿童爱上学校这片蓝天，爱上学习，健康成长。首先，要完善学校最基础的设施——孩子每天上课的教室；增加教学楼的数量与质量；有些学校一个很小的班级却有几十个孩子，要增加班级的数量。还有教室设备、采光等。其次，孩子们在成长的时期里需要不断地锻炼身体，完善学校体育器材，建立完整的操场，提供必要的体育设施，如：橡胶跑道、简要的篮球场、足球场等。再次，要建立图书馆、网络微机室、音乐教室、美术教室，课外活动室等，很多农村学校也设有这些教室，但从不向学生开放使用，学校应建立并开放这些功能教室，也可联合志愿者来帮助管理，使留守儿童在放学后有新的去处，开阔留守儿童的视野，陶冶他们的情操。最后，增加学校的绿化面积，在学校的空地多种些花草树木，校园周围地带多栽树木，鼓励学生自己种花奉献给教室，创建绿色校园，使学校绿树成荫，为师生提供一个安静、绿色的学习环境。当然以上的一切措施可能都会因资金短缺而难以实行，我国政府在不断地提高农村留守儿童教育资金数量，作为学校应尽可能地扩大资金的使用效益，以有限的资金用到最需要的地方，并且学校也可以联合农村留守儿童志愿者协会，向社会各界人士、企业寻求资助。学校教育设施是学生在学校接受教育的基础，学校要努力完善校园环境，创造美丽舒适的校园。

4.3.2.2 提高教师素质

使孩子们能够自信快乐起来。要提高农村教师的职业道德素质，增强教师自身的责任感，做一名负责人的教师，一名乐于奉献、“燃烧自己、照亮他人”的教师。最后，教师要重视留守儿童的心理健康，在学校，充分尊重留守儿童，不要把留守儿童与非留守儿童区分开来，这样容易使留守儿童产生自卑的心理，要对他们一视同仁，在班级里，要营造一个温暖和谐充满欢乐的集体，组织一些增加学生们之间感情的活动，使留守儿童感到集体的温暖，同类群体的认可，消除他们自卑、孤僻、封闭的不健康的状态，使他们快乐成长。这就要求教师要不断地提高自身的实践经验，不断努力学习职业技能，应对孩子们所出现的各种不良心理和状态，成为孩子们的开导者、指路人。

丰富教育内容与形式。农村留守儿童在进入学龄期后开始接受学校教育，学校教育就是在一定的指导下，有目的有计划地对学生身心施加影响，把学生培养成为德智体美劳全面发展的建设者和接班人的教育。但是现在很多学校，尤其是农村学校只关注文化教育，忽视心理、法律、体育等方面的教育，这样使留守儿童的身体素质和心理素质整体不高，长期处于枯燥的文化课学习中，加上家庭教育的欠缺，使很多留守儿童开始厌烦学习，排斥学校，产生很多不良的情绪及心理问题。所以，学校要改变只重视文化，以分数“说话”的应试教育，丰富学校的教育内容与教育形式，全面发展素质教育，使留守儿童能够全面、健康的发展。

首先，在学校教育内容上，要增加心理教育、法制教育、安全教育及体美劳教育。

（1）留守儿童在心理、性格等方面极易出现偏差，学习成绩受到情绪的不良影响，直线下降，学校要增设心理课程，请专业的心理老师给学生上课，培养学生良好的心理素质，积极向上的个性，各科老师要联合心理咨询老师对有“问题”的留守儿童给予及时的心理疏导和心理健康的教育。

（2）留守儿童法制意识薄弱，在学校还要增加法制课程，或者法制选课活动。可邀请附近派出所或者大学法律讲师给孩子们上法制课，要用通俗易懂的语言，结合身边的例子教育孩子们能够遵纪守法，增加留守儿童的法律知识和提高他们的法律意识。

（3）安全教育方面，要定期普及安全教育知识，如：交通、用电、火灾、落水甚至自然灾害的自我保护及补救措施，可进行适当的演习，使留守儿童增加自我保护的能力。

（4）对学校应开设的音体美课程不要随意取消或替换成别的课程，要提高孩子的身体素质，陶冶学生的情操，培养学生的审美观念。

其次，教师要打破原有的固定的教育形式，不断地探索丰富教育形式。原有的教育形式主要是班级授课制，有一定的优点，但是不能因材施教，不能适应留守儿童的个别差异，所以，学校教学需要更多的有效地组织形式，以班级授课形式为主，其他形式为辅，丰富留守儿童的学习形式，激发留守儿童的学习兴趣。学校要开放图书馆、网络教室、音乐教 26 室等，上课时要充分利用这些综合教室；对于一些劳动课也要和留守儿童共同动手实践；在植树节、儿童节等特殊节日学校还可以联合大学生或社会上的志愿者组织活动进行教育；每年要举行运动会，提高留守儿童集体荣誉感，增加留守儿童与非留守儿童的友谊，促进留守儿童身心健康。

4.3.2.3 教育管理寄宿

解决农村留守儿童面临的困难和问题，途径是多方面的。就如今情况看来，加强农村寄宿制学校的建设确实是一条可行之路，是有效途径之一。大力加强农村寄宿制学校建设，解决农村学校寄宿条件，为留守儿童营造良好的生活、学习环境，努力让留守儿童的家庭教育在学校得到补偿。寄宿制学校的好处主要有：一是有助于留守儿童养成良好的学习、生活习惯，农村留守儿童集中一起进行管理，通过学校的规范化管理，可以使农村儿童的素质教育真正落到实处；二是可以为农村留守儿童提供就学保障，有效减少农村留守儿童安全事故的发生；二是可以缩小城乡学校在教育质量上的差距，有助于实现教育均衡化发展。

为进一步加快建设农村寄宿制学校，加强学校对农村留守儿童的教育和管理，提出以下几点建议：一是要重视农村留守儿童工作，教育主管部门要成立专门机构，具体负责留分儿童的教育与管理工作。二是要结合农村学校的具体情况，制定农村寄宿制学校建设的近期规划和远景目标。据了解，目前寄宿制学校建设的主要制约瓶颈是经费不足。尽管近年来省及地方财政不断加大对农村寄宿制学校建设的投入，但离实际需求还有较大差距，需要省级财政进一步加大支持力度，解决地方配套资金不足的问题。三是中心小学要保证按规定比例接收留守儿童，需求大量和具备条件的地方要建立留守儿童寄宿制小学。四是寄宿制学校要通过建立留守儿童心理咨询室、结对帮教和后勤服务中心等，从思想、学习和生活上给予留守儿童特别关爱，保证农村留守儿童有学位、有床位、有地位。特别要加强对留守儿童的心理健康教育，解决学校师资力量严重短缺问题。五是政府有关部门和学校要加大对寄宿制学校文化体育设施建设的投入，使寄宿的留守儿童能够在紧张的学习之余得到锻炼和调节，把学校办成留守儿童求知强能的学园、生动活泼的乐囡、充满亲情的家园，促进学牛身心的全面健康发展。

4.3.3　建立社会支持机制

4.3.3.1　维护留守儿童的权益

在我国，针对农村留守儿童的权利与义务的法律有所空缺，相关的法律也不尽完善，如：《未成年人保护法》的实际操作性及约束力不够强，对侵犯留守儿童权益和引诱留守儿童犯罪的惩治力度不够大等。所以，针对这些问题采取如下措施：

第一，要完善相关的法律法规。健全《未成年人保护法》《义务教育法》对未成年人有极其重要的意义，在法律中要明确的规定关于留守儿童的权利保障机制和相关法律责任，强化并细化父母对留守子女的教育责任，让他们真正履行对留守子女的抚养和教育义务。并且，政府部门也要对临时监护人做相关规定，明确他们作为监护人的责任与义务，确保留守儿童的家庭教育能做到最好。完善教育法规，这直接关系到留守儿童的学校教育，虽然我国出台了《教育法》，但在教育实践当中相应的法律欠缺，对留守儿童随父母到异地上学的法律明文规定缺少，如《教育经费法》《教师聘用法》《异地入学法》等，这些都直接关系到学校对留守儿童的教育，对学校教育的各项运作明文规定，做到“依法治教，依法治校”。加快出台农民工进城务工后的各项权利保障机制和在卫生保健、社会福利、社会救助等方面的政策支持。政府要在农民工自主创业上提供各种优惠，出台农民工贷款的优惠政策，降低农民工注册资金的门槛，同时，简化农民工创业的手续程序，鼓励农民工返乡自主创业，解决留守儿童教育问题。通过立法，一是可以督促未成年儿童的父母履行监护义务，明确父母在孩子的教育中承担的法律责任；二是利用各级部门加强对家庭教育活动的监管力度，要明确各级部门对未成年人家庭教育的共同责任，以便为家庭教育事业的发展提供坚实的保障。

第二，新的监护制度的建立势在必行，增强保护农村留守儿童的力度。

在农村，父母一旦外出，儿童的监管的重任便开始转移，一般都是祖辈监护、隔代监护、单亲监护，或者自我监护，这些监护对儿童身心健康、道德形成都是非常不利的，甚至有时候家庭监护的缺失还会酿成留守儿童犯罪等不良的后果。在我国现有的制度范围内，没有专门针对农村留守儿童的监护制度。所以，建立全新、合理、有效的监护制度已经刻不容缓。根据我国国情，新的监护制度具备如下特点；一是以家庭监护作为核心。我国《未成年人保护法》的第 10 条规定：父母或者其他监护人应当以健康的思想品行和适当的方法来教育未成年人，引导未成年人进行有益身心健康的各种活动，预防和制止未成年人吸烟、酗酒、流浪以及聚赌、吸毒等活动。以法律的形式规定了父母在孩子成长道路上所担负的责任。如果脱离家庭的监护，儿童的权利保护将会严重缺失，特别是在农村，留守儿童偏离正常的成长轨迹的概率将大大增加。所以新的监护制度一定要加强家长和家庭对儿童的监护力度。二是以学校、社区或其他人员的监护为保障。虽然家庭教养与监护，是留守儿童问题中最原始、最重要的问题，但如果家庭教育一旦缺失，学校和社会监护随时有效地发挥其监护力度。三是以国家监护为补充，国家应该努力完善户籍制度改革、义务教育、卫生保健、社会救助、社会保险等方面的制度，积极探索建立健全对农民工社会保障、探亲休假、孩子教育等方面的制度。

第三，让农民工子女享受教育“同城待遇”，保障农民工及其子女能够享有平等的权益。由政府牵头，把普通学校进行战略性重组，放大优质教育资源，适时调整布局结构，将城市和郊区、农村的教育资源整合，改变教育资源分配不公的局面，让教育更公平。外来农民工子女不但有学上，还可以上名校，使更多的留守儿童获得同样的教育机会。

第四，专门立法敦促明确家庭教育的责任与地位。

总之，为了更好地维护农村留守儿童的合法权益，建立健全的司法保护体制势在必行。这样可使损害、侵害农村留守儿童的合法权益的违法犯罪行为受到法律的约束，而且，儿童也通过法律援助、法律服务等渠道维护自己的正当权利。

4.3.3.2 加大关爱帮扶力度，教育经费的投入

众所周知，教育经费投入不足始终是我过农村义务教育的一大障碍，当前的农村义务教育经费主要依靠地方财政来解决，国家对这方面的投入力度还不够高，特别是在一些连片贫困地区，教育经费的投入已经占到当地财政支出的半壁江山，在教育经费支出比例如此高的情况下，地方财政不可能再挤出资金对农村公共学校进行补助，这样就在贫困地区出现了虽然财政补助高但农村教育基础设施依然滞后的“怪圈”。为此，中央财政必须向农村教育经费倾斜，扩大寄宿生贫困补助范围，不断地扩充补助人数的数量和覆盖面积，同时，政府可以出台措施，激励社会力量参与发展农村留守儿童的事业当中来，改变政府单一的补助模式，扩大农村留守儿童的经费渠道，以保证农村贫困地区留守儿童的受教育权。其次，对于有意愿返乡的农民工，国家要增加对贫困地区的基础设施的投入，充分发挥当地的优势资源，吸引特色项目，吸引农民工不再外出，让他们返乡，就地就业，这样不仅可以为当地的经济发展提供充足的人力资源，也可以保证他们有充足的时间加强对孩子的教育。同时国家还要不断加强对农村寄宿制学校的资金投入，努力将农村留守儿童进行集中管理，不断扩大寄宿制学校的规模，提升教师工资待遇以及管理人员的管理水平。最后，对于跟随父母进城的农村留守儿童，各级政府要不断加强对农民工子弟学校和流入地公

办学校的经资金投入。近些年来，国家出台了一系列关于保证进城农民工子女入学的有力措施。为此，许多城市也出台措施，挤出资金，开办学校来接受农民工子弟。在一些政策的引导下，部分公办学校也敞开大门吸纳农民工子弟。可是在教育经费一定的情况下，大部分民工子女学校的办学条件以及基础设施不够完善，致使一些农民工由于担心孩子受到不公正待遇，还是将孩子送回老家接受教育。面对如此情况，有必要将农民工工作地的子女上学问题编入当地政府的中长期发展规划之中，并且纳入财政的正常支出范围。不断加大对农民工子弟公办学校的扶植力度和财政补贴强度，为这部分群体提供最基本的受教育环境，使每一个民工子弟都有在流入地上学的机会。目前，农村教育的经费还是主要“以县为主”，基本上是靠县级政府来解决。近年来，虽然我国农村教育取得了巨大成就，但也面临着诸多困境，鉴于农村教育的重要性以及面临的困难，我国政府专门就农村教育发展作出承诺，提出“以更大的精力、更多的财力，全面推进农村教育发展”。

4.3.3.3　推动地方经济发展

劳动力转移使父母不能常伴留守儿童，父母缺位、家庭教育缺失是导致农村留守儿童系列问题产生的根源所在。如果地方政府能注重引导，大力发展区域经济，推进城镇建设，使地方经济得到大力发展，同时也能对地方经济产生带动力，地方就业岗位就会增多，就会增加地方对劳动力的吸纳量，地方劳动力的需求量就会增加，进城务工的农民工就能返乡在当地就业，实现离土不离乡，减少远距离打工现象，就能从根本上解决农村留守儿童问题。对于如何发展地方经济，地方政府可以从发展县域经济、发展乡镇企业、支持鼓励返乡创业和自主创业、发展农村基础设施建设，大学生村官创业等等方面予以开拓。带动更多的群众创业、就业，引导农村富余劳动力向非农产业合理有序流动，大大减少农民工外出务工比率，吸引更多的外出务工人员返乡就业、创业，这样就使留守儿童的父母返回留守儿童身边，可以从根本上解决农村留守儿童问题，使留守儿童不再留守。

4.3.3.4 构建农村留守儿童教育联防监护体系

留守儿童群体是我国农村社会发展和城市化进程中产生的必然现象。长期以来，留守儿童的教育问题就一直是一种社会之痛，更是社会之病。显然，解决留守儿童的教育问题是一个社会系统工程，只有建立一个完整而富有弹性，并且具有应变能力的政策体系，层层分解、步步保障，齐抓共管、综合施策；同时，切实加大农村的公共投入，遏制农村文化的“沙漠化”和农村教育的“空心化”两种不利趋势，重塑社会主义新农村的“新文化与新教育”。总之，要切实解决农村留守儿童的教育问题，促进每一个孩子全面、健康地发展，需要家庭、学校、社会的“三结合”或“一体化”，做到学校教育、家庭教育和社会教育密切配合，协调一致。只有这样，才能有利于实现整个基础教育在时空上紧密衔接，避免农村留守儿童在一定的时间、空间范围内放任自流，失去控制，给不良影响以可乘之机；有利于保证整个基础教育在方向上的高度一致，避免它们各自的作用相互抵消，给孩子们的思想造成混乱；也有利于实现各种教育资源的互补作用，从而加强整体教育的有效性。

一是学校应该成为留守儿童教育管理的主渠道。对于留守儿童这个特殊群体，学校除了进行必要的知识传授和学业管理外，应给他们更多的心灵关怀。必须配备心理辅导老师，开启心理健康讲座，及时对他们进行心理健康教育。尤其是要针对农村留守儿童的品德行为偏差和心理障碍等问题，学校还要定期开展情感教育和思想教育，对他们开展心理咨询、心理矫正工作，以弥补家长不在身边的家庭教育的缺失，一方面疏通他们的心理，另一方面让他们学会在困境中奋发。同时，学校提倡实现教师角色的多样化。教师既要做良师益友，也要慈母严父；既要教育他们学会生活，学会做人，学会学习，还要更多地关注他们的心理状况，使他们体验到班组、学校这个大家庭的温暖。可以通过开展师生互结对子活动，实施帮扶。也可以尝试推行老师“代管家长制”“合同家长制”，在家长、教师与学生三方自愿的情况下，外出打工的农民与教师签订协议，共同担负起教育和监护留守孩子的家长责任。二是发挥社区综合教育功能，延伸学校的教育。在广大社区，进一步加快推进融“文化、艺术、科技和信息技术于一身”的青少年校外活动中心建设，定期组织集教育性、知识性为一体的青少年科技文化活动。此外，还要发挥文化馆、历史博物馆、烈士陵园等爱国主义教育基地和公益性文化场作为教育实践基地的作用，不断加深留守儿童的爱国主义情怀，更加丰富和充实他们的闲暇生活。三是各级共青团、妇联和关工委等部门要把留守儿童的教育工作摆上重要议事日程。一方面要加强对父母和临时监护人的家庭教育的指导，整合乡村教育资源，推动建立农村家长学校、家庭教育咨询辅导站；另一方面，要大力发动志愿者担当“代理家长”或义务辅导员，切实关心留守儿童的思想、学习和行为习惯。与此同时，逐步引导和发挥组织的作用，在帮助留守儿童健康成长的同时，对其家长的教育与促动，同样也应如此。我们只有用共同的爱心，构建一个全方位、多层次、立体化的社会综合教育网络，创建一个文明洁净、健康向上的社会大环境，才能切实解决农村留守儿童所面临的教育问题，从而促进农村基础教育可持续、科学地发展。

4.3.4 留守儿童进行自我教育

辩证唯物主义认为：外因通过内因发挥作用，内因是事物发展的根据，外因是事物发展的条件，这个哲学原理告诉我们，不管是家庭教育、学校教育，还是社会教育，他们的动机就是通过对留守儿童的外界环境的各种影响，促进其成人成才。各种影响是教的外因。而留守儿童的自我教育是解决留守儿童教育相关的问题的内因，而家庭、学校、社会教育的最终还要通过农村留守儿童的自我教育起作用。因此要加快对农村留守儿童的自我教育事业的进展，就必须注重和加强培养农村留守儿童的自我教育和自我管理的能力和自我管理教育的积极性。这是转变农村留守儿童教育现状的根本方法和重要举措，它将决定着农村留守儿童的教育发展的内因。农村留守儿童的自我教育作用是无可替代的，是他们思想、行为发展的重要内因，不仅有利于个体心理矛盾的排解和疏导，也有利于个体角色的丰富和内化。留守儿童的自我教育还是进一步教育的内部源动力。家长、教师、特别是班主任应该有目的地去引导、激发和培养留守儿童的自我教育积极性和信心，教会他们自我教育和学习的方式方法，促进其自我控制和调节的能力的增强，培养他们学习、生活中自我教育管理习惯。

4.3.4.1 增强留守儿童自我教育意识

让教育的过程成为学生积极主动的过程，一直是教育理论工作者和教育实践者的伟大理想之一。自我教育意识是在社会化的进程中逐步培养出来的，而不是与生俱来的。农村留守儿童需要家庭、学校等各方力量共同努力来促进其自我教育意识的培养。家庭教育中，父母和看护人把握好任何与孩子交流沟通过的机会。与此同时，要对孩子们进行安全、心理健康、道德以及价值观等方面的教育，及时发现存在的隐患和不良习惯，及时对其进行指导和监督，从而促进孩子不良习惯的改正和良好习惯的形成。立足实际，帮助培养孩子树立正确的是非观，学会明辨是非，分辨美丑和善恶，鼓励他们抵恶扬善。加强留守儿童的法制教育，努力增强其法制意识，帮他们学习相关法律知识，督促他们自觉遵守日常行为规范，避免不良的行为发生，抵制违法的行为，拿起法律武器保护自己和他人。学校老师、家长和监护人应针对留守儿童的现实情况，为留守儿童建立成长档案，详细记录他们的成长历程，使农村留守儿童对自己各方面的情况进行客观的自我评价，老师、家长和监护人要帮助引导他们进行客观的自我评价，帮助他们进行分析和剖析，帮助他们认识到自己的进步和不足，从而促进他们更合理地进行自我设计，更加严格自律承诺，客观的自我评价，从而强化自律意识，树立自信心，最终达到自我的教育管理的目的。

4.3.4.2　提升自我教育能力

留守儿童因为父母的缺位导致家庭他律的缺失，在无法弥补家庭他律的情况下，解决留守儿童家庭他律缺失的问题就要从提高学生的自律能力上着手，增强他们自我教育管理的能力。农村留守儿童正处于身心逐步发展的过程阶段，独立的价值观还在形成过程中，在这种身心状态下，因为他们生活、社会、自然方面的常识缺少，生活经验不足，自理能力较弱，导致其还没有完善分辨善恶的能力，也没有独立的行为能力，也就无法较好地完成自我教育。调查发现，现实中父母、监护人和教师已尽全力来地呵护他们，有很多监护人甚至把学习之外的事情全部包了，但大人对孩子的保护毕竟还是有限的，孩子还会出现这样那样的问题。这就要求我们，在关注和保护孩子的同时，也要教给孩子们必要的生活常识、安全常识以及自我调节压力等方面的方法和知识。同时，要鼓励孩子参加集体活动和社会实践，让他们在集体活动和社会实践中提高自我保护的能力，在教育过程中学校要发挥共青团和少年先锋队等组织在留守儿童自我教育过程中的作用。搭建农村留守儿童各类集体活动和社会实践平台，鼓励他们积极参与到活动中去，使他们不断地审视自己，改正不足，不断地提升和完善自己，增强适应性，提高自理和自控能力。

第5章 概要、结论与建议

5.1 概要

留守儿童是我国农村大量剩余劳动力向城市转移过程中的伴生现象，这一特殊的出现是我国城乡文明一体化这一社会转型过程中的必然结果，也是一个在较长时期内必然存在的问题，可以看作是人类历史上一次重大的人口流动现象。从农村留守儿童的基本状况及其发展趋势来看，其教育问题的解决相当紧迫，但为什么20多年以来其问题的解决仍没有取得根本的进展？近几年来，频繁出现的各种如厌学、逃学、辍学等各种问题，引起了社会各界的广泛关注。因此，本文从多角度对留守儿童的教育问题进行深层次研究，试图解决当前理论研究和实践探索的重要任务。研究对象主要锁定为安徽省的留守儿童这一特定群体，在了解他们受教育现状的基础上分析存在的一些问题，深刻剖析这些问题产生的各种原因并提出相应的对策，以期为解决我国留守儿童的教育问题尽自己一份微薄之力，并且希望能够引起社会各界对留守儿童这一特殊群体的广泛关注和重视，为他们提供更多的关爱和帮助。旨在探寻改善农村留守儿童受教育现状的行之有效的良策，不断提高农村留守儿童教育实效性；为政府部门进行相关决策、制定相关政策提供可资参考的文本。

农村留守儿童教育问题研究，在总体上采用理论与实证并举的研究方式，既强调理论上的创新，又注重实际的可操作性。用文献研究与比较研究的方法收集国内外有关留守儿童与儿童教育问题的理论研究文献，通过中外比较研究，借鉴发达国家及部分权威的研究文献资料，结合安徽农村部分地区留守儿童教育问题的实际情况，对形成原因做了深入分析并提出解决方案。

本书研究认为，在孩子心智还不成熟健全的情况下，父母关爱教育的缺席使孩子的成长遇上各种各样的问题：学习教育、心理健康、思想品德、安全教育、青春期性教育等。严重影响到孩子的身心健康发展，学习目的不明确，监护人无法肩负教育重任，父母教育缺席使留守儿童学习乏力，学习上缺乏自觉性，成绩不理想。缺乏爱的支持而心理羸弱，留守儿童缺乏心理支持出现一系列心理问题如自卑、逆反、任性、自闭等。父母是孩子的情感依靠与第一任教师，由于父母的外出，让孩子的思想品质方面更是处于认识模糊的状态，没有可咨询可参考的依据，而处于任其自由发展的态势。留守儿童在监护人与学校及社会其他组织处得到的安全教育也流于形式，父母的缺位本已缺少安全感的孩子在安全教育方面更是一片空白，悲剧时有发生。农村教育中，青少年的性教育本已模糊，很多都是家庭担起监管教育重任，而留守儿童的青春期性教育却都是支零破碎甚至受不健康思想毒害、侵袭。社会发展的代价不能让孩子扛起，如何让留守儿童的天空晴朗起来，用责任肩负起明天的希望。究其根源是社会转型期所产生的制度孤儿，家的解构，亲子教育缺失，父母关爱的缺失，监护力度的疲软。学校教育也很难肩负起责任，农村学校师资失衡，学校过于强调应试化，心理辅导的缺失难以弥补家庭教育中已存在的问题。再加上中国农民问题，公共政策的制定与实施出现了偏离，户籍制度的束缚，政府缺乏相关的政策支持和经费保障，社会支持力度不够，灰色污染的侵蚀都在影响着留守儿童接受教育。还有留守儿童自身方面的原因，缺乏自我保护，自我教育。我们该如何给社会进程中的这一弱势群体以支撑，让他们感觉不再孤单，是社会人应共同思考的问题。本文从家庭、学校、社会支持系统、留守儿童的自我教育入手，需要社会支持机制、学校的中坚教育管理优势、家庭关爱教育的支撑、个人自我教育意识的提升来共同联动帮扶留守儿童的成长。

5.2　结论

一、本书从多角度对留守儿童的教育问题进行深层次研究，研究对象主要锁定为安徽省的留守儿童这一特定群体，在孩子心智还不成熟健全的情况下父母关爱教育的缺席使孩子的成长遇上各种各样的问题，严重影响到孩子的身心健康发展，留守儿童缺乏心理支持出现一系列心理问题。由于父母的外出，让孩子的思想品质方面更是处于认识模糊的状态。

二、留守儿童问题是我国农村大量剩余劳动力向城市转移过程中的伴生现象，这一特殊的出现是我国城乡文明一体化这一社会转型过程中的必然结果，也是一个在较长时期内必然存在的问题。究其根源是社会转型期所产生的制度性孤儿。学校教育也很难肩负起责任，农村学校师资失衡，学校过于强调应试化，心理辅导的缺失难以弥补家庭教育中已存在的问题。再加上中国农民问题，公共政策的制定与实施出现了偏离，户籍制度的束缚，政府缺乏相关的政策支持和经费保障，社会支持力度不够，灰色污染的侵蚀，还有留守儿童自身方面的原因，缺乏自我保护，自我教育，都在影响着留守儿童接受教育。

三、探索解决留守儿童教育问题的路径，特别是应对策略，对构建和谐社会具有重要的现实意义，关系到全面深化改革的新进程中农村教育改革的成败，关系到社会主义新农村建设的进程。解决好农村留守儿童问题不仅关乎亿万农民工群体的切身利益，也涉及和谐社会的构建，更关乎中华民族将来的人口教育素质的提高。通过本论文的研究，特提出以下几点作为解决农村留守儿童教育问题的建议：家庭教育需要缺失需要补位：代理家长亲情结队大手拉小手、父母和监护人需要改进教育方式，建立积极的亲子关系、父母与监护人需要经常与学校进行沟通，及时了解孩子的成长动向、搭建远程家庭教育平台、家长肩负起爱的教育的责任。发挥学校教育管理优势力量：完备教育设施、教师素质的提高、教育管理寄宿制。建立社会支持机制：加大关爱帮扶力度，教育经费投入、建立完善农村留守儿童活动阵地、积极发挥监护团队作用。自身问题需要重视：调动儿童主观能动性、自我教育意识在实践中提高、自我教育能力提升。

5.3 启示

留守儿童是我国经济转型时期特殊产物，可以看作是人类历史上一次重大的自然实验，留守儿童问题核心是教育问题。本书通过对一些学者和专家已有调查报告和个案调查资料，结合国内外权威相关问题的研究资料的进一步分析，试图真实地反映农村留守儿童的状况，就留守儿童存在的教育问题提出相关的建议，从留守儿童本人、监护人、家庭、学校及相关部门等多层面来综合探讨考察安徽省部分农村地区留守儿童在教育方面存在的问题及影响因素，并提出一些建议和意见，以期引起社会和有关学者的关注，为地方政府制定具体政策提供一些建议，有助于深入地认识农民工半城市化状态和农村留守儿童及其教育问题产生的真正原因，有助于政府、学校、家庭和社会加强对农村留守儿童教育问题的认识。

从目前的情况来看，留守儿童教育问题是非常现实的并且是迫切需要解决的社会问题，问题的改善与妥善解决，有助于维护社会安定团结，是构建和谐社会的客观需要；有助于义务教育的均衡发展，是实现基本公共服务均等化的客观需要；有助于城乡协调发展，是我国经济、社会可持续发展的客观需要；有助于代际和谐，也是提高整体人口素质的客观需要。本文选择安徽省部分农村学校作为代表，对留守儿童在父母外出务工后学习、心理、情感、品行、安全等现状开展全景式的梳理与分析，结合问卷调查与访谈，甄别留守儿童教育问题及其特点，并在此基础上，针对不同类型留守儿童教育问题的分异性进行了探微式研究，以期寻求预防式积极干预式和长效式的解决方式。安徽省经济发展水平中等偏低，研究区域具有很强的代表性和针对性，研究成果对改进农村留守儿童教育的均衡发展，改进农村留守儿童教育政策，具有重要参考价值。

综上所述，关于农村留守儿童教育问题的研究具有重要的理论与现实意义，借此作为本项研究的原动力，并对该领域进行较为深入的探索，希望能够对我国教育公平目标的最终实现起到一定的借鉴参考作用。

5.4 建议

农村留守儿童教育问题的研究成为近年来中国社会科学研究中的一大热点问题。社会领域提出关注弱势群体，教育领域提出教育公平、基础教育均衡发展等重要命题，也就是说，社会转型以及教育转型，成了研究的关键。因此，探究农村留守儿童教育问题及其特点，厘清影响农村留守儿童教育问题的主要因素，探索解决留守儿童教育问题的路径，特别是应对策略，对构建和谐社会具有重要的现实意义。论文基于安徽省实地调研，首先对农村留守儿童这一特殊群体的现状进行了全景式的剖析，继而着墨深入讨论农村留守儿童的教育问题，勾勒出解决农村留守儿童教育问题的基本构架，最后就如何改善农村留守儿童教育问题提出了政策建议和应对策略，主要结论如下：

一、农村留守儿童教育问题的解决有赖于社会源头机制。

作为一个综合性的社会问题，有赖于国家宏观统筹政策对其进行整体有效的规划与协调解决留守儿童教育问题，必须从根本上抓起，治标更要治本，抓住问题的源头并采取积极有效的干预，寻找符合实情的有利方案对策。从中长期战略角度着手，首先制定相应的管理和保障制度，将留守儿童教育问题纳入社会管理以及公共服务体系之中，建立行之有效的社会支持机制给留守儿童有力的社会支撑点。其次，户籍制度改革的核心并不在于完全取消户籍管理制度，其目的旨在打破城乡二元经济格局，逐步弱化乃至取消与户籍相联系的城乡隔离的各种制度与政策，以剥离被人为附加在户籍上的各类社会福利和社会保障，回归户籍制度的本来面目，使得更多的儿童可以随父母迁入城市，改变儿童的留守状态，弱化制度障碍应该给予留守儿童提供更大的亲情便利。再次，大力推动地方经济发展，引导农村富余劳动力就地消化，能够留守家园，实施反贫困策略，促进农村本土特色经济的发展，加快农村经济产业化进程，增加农民本地就业率。同时，对于外出务工返乡人员，制定优惠政策，鼓励他们本地创业，保障儿童的家庭完整性，这是改变留守儿童为非留守儿童的有效办法。第四，增加农村教育财政性经费投入，并能监督专款实用。现在已经到了工业反哺农业，城市反哺农村阶段，政府保障与加大义务教育投入机制是解决农村留守儿童教育问题的基点，加强国家对农村教育投入的宏观调控，使农村义务教育从非均衡发展到统筹协调发展，通过加强和拓展学校教育弥补农村家庭教育弱化的状况。第五，统一对基础教育性质的认识，确立双重目标的教育评价机制，明确学校教育的精神教化使命。

二、农村留守儿童教育问题的解决有赖于社会、学校、家庭、个人联动的协作机制。

农民外出务工是不可逆转的潮流，正如城市化道路是中国社会主义现代化建设的必然选择，农村留守儿童群体的产生以及相关问题的出现同样也是社会发展的必然结果，该怎样协调这一衍生的弱势群体与社会发展的关系，是构建和谐社会的重要议题之一。作为综合性的社会问题，多中心治理中政府不是也不应是单一主体，而只是其中一个主导性主体，对于这一问题的解决，政府、家庭、学校和社会都有不可推卸的责任，在多中心治理中，政府主要的职能是制定多中心制度中的宏观框架和参与者的规则，同时运用经济、法律、政策等多种手段为农村留守儿童教育这种具有公共产品性质的问题的解决提供依据和便利，推动多方协作互动，最终形成政府—学校—家庭—社会的多中心公共服务体系，使四个子体系之间相互协调、相互作用、密切合作、共同承担起保护农村留守儿童合法权益的责任。

三、在整个农村留守儿童教育链条中，学校应该承担起中坚力量的责任。

从实际情况来看，学校只是教育教学单位，我国也未有相关的法律明确农村留守儿童与其就读学校形成委托监护关系，依托学校，明确学校承担父母监护缺失情况下的部分补位责任，以学校教育功能的强化来弥补家庭教育的弱化，无疑给学校教育提出了新的挑战。但鉴于家庭教育功能弱化及临时监护人保障不力的现状，学校作为农村教育的主阵地，又必须义不容辞地担当起农村留守儿童的教育及管护责任，在整个农村留守儿童教育链条中，学校应该居于核心地位，这应该自上而下形成共识，并在相关的法律规定中有所反映。

四、父母与监护人应改变教育方式更新教育理念。

父母和监护人要树立科学的教育观念，因为家长的观念会直接影响子女的学习动机和学习兴趣。加强父母与孩子的情感交流和亲子互动。父母要给抚养人或监护人更多的监护权，让他们对留守儿童进行有效的监管，真正承担起教育孩子的责任和义务，努力为留守儿童营造近似完整家庭结构的良好的家庭教育氛围。在教育孩子的方法上，父母或监护人既不能简单采取溺爱或放任自流的教养方式，不能一味地进行打骂或横加干涉，更不能“不懂”孩子，却拼命“教育”孩子，应弄清孩子身心发展的特点和规律，掌握孩子的个性特点。同时，留守儿童监护人应加强“赏识”教育，即鼓励、激励留守儿童，给予留守儿童更多的关注、关怀与关爱，目的是培养孩子的完整人格、引导儿童正常成长。

父母和监护人需要经常与学校进行沟通，及时了解孩子的成长动向。 随着儿童教育越来越社会化，学校老师负责儿童的部分教育，全社会各个部门、单位、每一个个人对儿童都负有一定的教育责任，儿童的家庭教育也不再仅仅是家庭内部的事情。老师和家庭积极配合才能使留守儿童家庭教育产生更好的效果。家庭是农村留守儿童生活中最重要的环境，农村留守儿童世界观、人生观、价值观的形成，良好习惯的养成，教育理念的形成和成熟，都与家庭密切相关。农村留守儿童父母要充分认识到自己外出给农村留守儿童生活学习上的影响，给予农村留守儿童教育特殊的关注。父母要改变教育无用论的观念，克服自身的经济利益的驱使，要认识到当今社会知识经济，文化和经济家庭收入密切相关，没文化只会越来越穷，要充分向孩子说明教育的重要性，鼓励他们好好学习，接受全面的素质教育。父母要树立正确积极的教育观，创造条件，消除家庭教育缺失的不利影响，定期电话联系，书信联系，积极询问孩子有关心理上的寂寞，理解孩子的内心想法，对于学习和生活的困惑要耐心开导，鼓励他们在教育上的成绩，用精神和物质奖励来促进农村留守儿童教育。农村留守儿童要加强和学校老师的沟通，及时和老师和监护人沟通，了解学习情况，与监护人，学校互动，创造优质的学习和生活环境，一起促进农村留守儿童教育。

总之，农村留守儿童教育问题是现代化进程中出现的必然问题，关系农村留守儿童身后的每一个家庭，同时还关系到在全面深化改革的新进程中农村教育改革的成败，关系到社会主义新农村建设的进程。解决好农村留守儿童问题不仅关乎亿万农民工群体的切身利益，也涉及和谐社会的构建，更关乎中华民族将来的人口教育素质的提高。希望通过本论文的研究，为农村留守儿童问题的解决提供一个新思路，为帮扶这一弱势社会群体提供可参考方案。

参考文献

[1] 一张 . 留守儿童 [J]. 瞭望新闻周刊，1994,(45).

[2] 叶敬忠 , 王伊欢 . 留守儿童的现状与特点 [J]. 人口学刊 , 2009, (3).

[3] 张艳国 , 胡盛仪 , 周小霞 . 农村留守儿童社会教育的发展趋势研究 [J]. 湖北行政学院学报 , 2009, (3).

[4] 教育部 . 好孩子亲子学苑教材 [M]. 北京 : 人民教育出版社 , 1999.

[5] 唐喜梅 . 农村留守儿童亲子教育缺失问题探讨 [J]. 当代青年研究 , 2006, (11).

[6] 胡育 . 试论亲子教育的内涵与功能 [J]. 教育科学 , 2002, (3).

[7] 郑杭生 . 中国社会发展研究报告 [M]. 北京 : 中国人民大学出版社 , 2003.

[8] 胡宁生 . 现代公共政策研究 [M]. 北京 : 中国社会科学出版社 , 2000.

[9] 王春福 . 改善民生与关照弱势群体的公共政策运行机制 [J]. 理论探讨 , 2003. (2).

[10] 宋嘉革 . 浅析农民工外出劳动力双重身份问题 [J]. 农业经济导刊 , 2005, (2)

[11] 齐良书 . 发展经济学 [M]. 北京 : 中国发展出版社 , 2002.

[12] 刘易斯 . 二元经济论 [M]. 北京 : 北京经济学院出版社 , 1989.

[13] 雇中平 . 现代教育学 [M]. 北京 : 高等教育出版社 , 2000.

[14] 叶敬忠，詹姆斯·莫瑞，等. 关注留守儿童——中国中西部农村地劳动力外出务工对留守儿童的影响 [M]. 北京：社会科学文献出版社，2005.

[15] 石人炳. 人口变动对教育的影响 [M]. 北京：中国经济出版社，2005.

[16] 段成荣，周福林. 我国留守儿童状况研究 [J]. 人口研究，2005, (1).

[17] 中央教育科学研究所. 教育发展研究部课题组 [J]. 中国农村留守儿童问题研究第一期调研报告. 2005.

[18] 周宗奎，孙晓军，等. 农村留守儿童心理发展与教育问题 [J]. 北京师范大学学报 (社会科学版), 2005, (1).

[19] 叶敬忠，王伊欢. 留守儿童的监护现状与特点 [J]. 人口学刊，2006, (3).

[20] 姚云. 农村留守儿童的问题及教育应对 [J]. 教育理论与实践，2005, (4).

[21] 王海棠. 农村留守儿童青春期性教育基本缺失的问题及对策 [J]. 青年探索，2007, (3).

[22] 廖鸿冰. 农村留守儿童思想道德教育问题的思考 [J]. 当代教育论坛，2006, (7).

[23] 朱小蔓. 对策与建议 2004—2005 年度教育热点、难点问题分析 [M]. 北京：教育科学出版社，2005.

[24] 蔡昉，白南生. 中国转轨时期的劳动力流动 [M]. 北京：社会科学文献出版社，2006.

[25] 朱农. 中国劳动力流动与三农问题 [M]. 武汉：武汉大学出版社，2005.

[26] 石人炳. 人口变动对教育的影响 [M]. 北京：中国经济出版社，2005.

[27] 陆学艺. 当代中国社会流动 [M]. 北京：社会科学文献出版社，2004.

[28] 周洋. 关于“农村留守儿童生活和思想状况”的调查 [R]. 中国社会调查所. 2005.

[29] 程良道 . 农村留守儿童现状的调查及对策 . 湖北师范学院学报 (哲学社会科学版), 2005 年第 6 期 .

[30] 周全德 , 齐建英 . 对农村留守儿童问题的理性思考 [J]. 中州学刊 , 2006 年第 1 期 .

[31] 国务院研究室课题组 . 中国农民工调研报告 [M]. 北京 : 中国言实出版社 , 2006.

[32] 顾宝昌 : 中国人口与劳动问题报告 [M]. 北京 : 社会科学出版社 , 2006.

[33] 洪朝辉 . 当代中国研究 [M]. 北京 : 社会科学出版社 , 2002.

[34] 黄希庭 . 人格心理学 [M]. 杭州 : 浙江教育出版社 , 2002.

[35] 陆学艺 . 三农论 [M] . 北京 : 社会科学文献出版社 , 2004.

[36] 詹姆斯 . 关注留守儿童 [M]. 北京 : 社会科学出版社 , 2005

[37] 梁君思 , 干启明 , 凡欣 . 加快推进城镇化发展与破解三农难题的对策性研究 [J]. 武汉培训学院学报 , 2009, (1).

[38] 叶敬忠 , 潘璐 . 别样童年——中国农村留守儿童 [M]. 北京 : 社会科学文献出版社 , 2008.

[39] 刘成斌 , 吴新慧 . 留守与流动——农民工子女的教育选择 [M]. 上海 : 上海交通大学出版社 , 2008.

[40] 段玉香 , 阎平 . 农村留守儿童应对方式的研究 [J]. 中国健康心理学杂志 , 2007, (4).

[41] 孙玉丽 , 张幸华 . 县域义务教育均衡发展 : 政策与条件——以浙江省慈溪市为个案 [J]. 教育科学 , 2008, (24).

[42] 李佳 , 冯丽婷 . 影响农村留守儿童心理发展的环境因素 [J]. 贵州师范大学学报 , 2008, (5).

[43] 李涛 . 公平视野下的农村幼儿教育发展趋势及其归因 [J]. 学前教育研究 , 2006, (2).

[44] 李玉文 . 我国农村留守儿童基本公共服务供给机制研究 [D]. 武汉 : 华中师范大学 , 2012.

[45] 王为伟 . 我国农村留守儿童教育问题研究——以闽侯县农村为例 [D]. 福州 : 福建农林大学 , 2012.

[46] 臧亚鹏 . 农村留守儿童教育问题研究——以黑龙江省牡丹江市林口县为例 [D]. 长春 : 吉林大学 , 2012.

[47] 史玉丁 . 农村留守儿童道德行为养成教育研究一基于渝东南三所农村留守儿童学校的考察 [D]. 重庆 : 西南大学 , 2012

[48] 卞桂平 , 焦晶 . 农村留守儿童精神世界——困境与多方协同治理 [J]. 湖北社会科学 2010, (4).

[49] 陈淑华 . 解决留守儿童问题的法律对策研究 [J]. 浙江万里学院学报 , 2008, (1).

[50] 高闰青 . 农村留守儿童教育问题探析 [J]. 河南理工大学学报 , 2010, (1).

[51] 胡俊生 . 农村教育城镇化动因、目标及策略探讨 [J]. 教育研究 , 2010, (2).

[52] 黄昊然 . 当代中国乡村教育的社会学分析 [J]. 当代教育论坛 , 2010, (10).

[53] 简再飞 . 中国农村留守儿童教育问题探微 [J]. 基础教育研究 , 2010, (1).

[54] 李栋 , 朱志梅 . 浅析留守儿童受教育权的保障机制 [J]. 青年科学 , 2010, (4).

[55] 刘铁芳 . 乡土的逃离与回归 [M]. 福州 : 福建教育出版社 , 2008.

[56] 莫丽娟 , 袁桂林 . 农村留守儿童教育问题的凡个基本判断 [J]. 上海教育科研 . 2010, (1).

[57] 荣中违 . 当前我国乡村留守儿童教育的特征、问题及解决思路 [J]. 现代教育论丛 . 2010, (1).

[58] 孙明泉 . 城市化进程与公共政策研究 [J]. 光明日报 , 2009, (2).

[59] 台培森 . 留守儿童犯罪问题对策当议 [J]. 河北公安警察职业学院学报 , 2010, (1).

[60] 王光华 , 刘永红 . 农民工子女教育问题的现状与对策分析 [J]. 攀枝花学院学报 , 2008, (1).

[61] 王敬峰 . 农村留守儿童心理与教育问题及其对策研究 [J]. 继续教育研究 . 2010, (4).

[62] 张浩森 . 非营利组织参与社会救助的问题与对策探析 [J]. 黑龙江社会科学 , 2010, (2).

[63] 刘复兴 . 市场条件下的教育公平 : 问题与制度安排 [J]. 北京师范大学学报 (社科版), 2005, (1).

[64] 吕绍清 . 中国农村留守儿童问题研究 [J]. 中国妇运 , 2006, (6).

[65] 罗国芬 . 从 1000 万到 1. 3 亿——农村留守儿童到底有多少 [J]. 青年探索 , 2005, (2).

[66] 庞超 . 关照学生课后教育——瑞典学童看护制度与启示 [J]. 比较教育研究 , 2009, (2).

[67] 齐建芳 , 钟祖荣 . 儿童发展心理学 [M]. 北京 : 中国人民大学出版社 , 2009.

[68] 齐学红 . 质的研究与生活世界的重建 [J]. 南阳师范学院学报 , 2004, (10).

[69] 王东宇 , 王丽芬 . 影响中学留守孩心理健康的家庭因素研究 [J]. 心理

科学, 2005, (28).

[70] 王鹏云, 叶木华. 农村成人教育向农村社区教育过渡的实践与探索[J]. 青年科学, 2010, (6),

[71] 王秋香. 家庭功能弱化与农村留守儿童社会化[J]. 文史博览, 2006, (7).

[72] 吴承红, 蔡澄, 部启扬. 农村留守儿童心理的心理问题及其解决决策[J]. 教育探索, 2005, (12).

[73] 项继权. 为农民工子女教育提供制度保障[J]. 农村工作通讯, 2005, (3).

[74] 徐阳. 农村留守儿童教育问题研究[D]. 上海: 华东师范大学, 2006.

[75] 阎凤娇. 国外基础教育管理及财政体制改革分析[J]. 比较教育研究, 2007, (H).

[76] 袁本涛. 科学发展观与中国公共教育政策的选择[J]. 清华大学教育研究, 2004, (2).

[77] 张秀. 多元正义理论的构建及其困境[J]. 湖北社会科学, 2010, (10).

[78] 张学军. 农村家庭高等教育投资决策研究[D]. 咸阳: 西北农林科技大学, 2008.

[79] 朱力. 社会问题概论[M]. 北京: 社会科学文献出版社, 2002.

[80] Apps, Patricia F, Rees Ray. 1997. Collective Labor Supply and Household Procuction.Journal of Political Economy.11.

[81] Baron Cohen, 5Leslie, Amfirth.1985.Does The Statistic Child He Theory of Mind Cognition.ZI.

[82] Behrman, JereR.&Deolalikar, AnilB., Healthand Nutrition, Handbook of Development Economics, 1988.Amsterdam: Holland Press.

附　录

附录一　留守儿童生活状况问卷调查表

各位同学：

你们好！这是一份问卷调查表。你的意见相当宝贵，就你的个人情况和感受如实填答，本问卷采用无记名方式，只作为采集数据之用，谢谢合作！

区县　　　　　　　学校

一、家庭生活状况

1. 家庭主要收入来源：

A. 农业　　　B. 经商　　　C. 外出打工　　D. 其他

二、监护人情况

1. 监护类别：

A. 父母直接监护　　　　　B. 由爷爷奶奶监护

C. 独立生活　　　　　　　D. 其他

2. 监护人文化程度：

A. 没上过学　　　　　　　B. 小学文化

C. 初中文化　　　　　　　D. 高中及以上

3. 监护人主要责任：

A. 照顾日常生活　　B. 督促辅导学习

C. 负责人身安全　　D. 进行思想品德教育

E. 其他________

4. 对被监护人的态度：

A. 关爱　　B. 没办法推托　C. 冷淡　　D. 其他

三、你的生活环境

1. 现居住卫生状况：

A. 比父母在家时好　　B. 与父母在家时一样

C. 比父母在家时差

2. 生理卫生知识指导：

A. 有　　B. 很少　　C. 无

3. 帮监护人做家务情况：

A. 常做　　B. 偶然做一些　C. 不做

四、生活上我希望（可多选）

A. 能得到学校的关怀，父母在身边关怀。

B. 有很多朋友，可以和大家一起分享快乐。

C. 希望可以吃得更好一点，穿得更好一点。

D. 希望自己照顾自己的能力越来越强。

E. 希望自己的父母能赚很多钱，然后回家。

F. 希望父母在外可以平安，健康。

G. 希望获得自由，不被学校束缚。

H. 摆脱痛苦的世界。

五、解决困难的途径

A. 选择父母　　　　　　　B. 选择老师来解决

C. 选择爷爷奶奶来解决

附录二　留守儿童心理状况问卷调查表

各位同学：

你们好！这是一份问卷调查表。你的意见相当宝贵，就你的个人情况和感受如实填答，本问卷采用无记名方式，只作为采集数据之用，谢谢合作！

区县　　　　　　　　　　学校

一、心理状况

1. 你的性格：

A. 开朗　　　　B. 内向　　　　C. 任性　　　　D. 暴躁

E. 柔弱　　　　F. 其他

2. 觉得自己在别人眼里是怎么样的人：

A. 很优秀　　　B. 还好　　　　C. 一般　　　　D. 很差

3. 觉得身边的人对自己怎么样：

A. 很关心自己　B. 一般关心　　C. 不太关心　　D. 不关心

4. 你有没有畏惧心理：

A. 有　　　　　B. 没有

5. 畏惧什么：______________________________（比如：害怕被身边的人欺负，等）

6. 会不会觉得社会不公平、看不到希望，为什么？

A. 会　　　　　B. 不会

因为________________________________

7. 对自我的认知：

A. 做得很棒　B. 做得一般　C. 做得比别人差

二、情感沟通情况

1. 父亲的文化程度：

A. 没上过学　B. 小学文化

C. 初中文化　D. 高中及以上

2. 母亲的文化程度：

A. 没上过学　B. 小学文化

C. 初中文化　D. 高中及以上

3. 父亲在外务工时间：

A.1 年以内　B.1 ～ 3 年　C.3 ～ 5 年　D.5 年以上

4. 母亲在外务工时间：

A.1 年以内　B.1 ～ 3 年　C.3 ～ 5 年　D.5 年以上

5. 父母一般多长时间回来一次？

A. 一到三个月　B. 三个月至半年

C. 半年至一年　D. 一年以上

6. 和外出父母联系方式：

A. 电话　B. 书信　C. 其他____________

7. 通常父母隔多久和你联系一次？

A. 一周以内　B. 一周到一个月

C. 不固定　D. 不联系或很少联系

8. 你多长时间没有见到父母了？

A. 一个月　B. 近半年　C. 一年多　D. 两年以上

10. 你希望父母多久和你联系一次？

A. 每天　B. 一周以内

C. 一周到一个月　D. 无所谓

11. 是否想念外出打工的父母？

A. 经常想念　B. 有时想念　C. 不想或很少想

12. 愿意父母出去打工吗？

A. 愿意　B. 愿意，但希望常回家　C. 不愿意

13. 你有心思话最想对谁说？

A. 父亲　B. 母亲

C. 临时监护人　D. 老师

E. 同学　F. 朋友

14. 你心里有什么样的不良感觉吗？

A. 无助　B. 被遗弃　C. 无用　D. 失落

15. 你最希望和谁住在一起？

A. 父母　B. 爷爷奶奶　C. 兄弟姐妹　D. 亲戚

E. 同学朋友

16. 父母外出打工期间，你有没有受到过欺负或人身伤害？

A. 时常有　B. 有时有　C. 没有或很少有

三、你的留守现状

A. 想父母　B. 身边人不太关心自己

C. 害怕陌生人　D. 遇到困难自己解决

E. 害怕被欺负　F. 拉帮结派，打架斗殴

G. 学校里基本没朋友

附录三 留守儿童学习状况调查表

各位同学：

你们好！这是一份问卷调查表。你的意见相当宝贵，就你的个人情况和感受如实填答，本问卷采用无记名方式，只作为采集数据之用，谢谢合作！

区县 学校

一、学习成绩

A. 优 B. 良 C. 一般 D. 差

二、学习态度

1. 你喜欢上学吗？

A. 喜欢 B. 一般 C. 不喜欢

2. 不喜欢上学的原因是________________________________

3. 父母外出打工对你的学习有什么影响？

A. 影响不大 B. 没有影响 C. 影响很大 D. 有点影响

4. 起坏作用体现在（选 C 答案填选该题）：

A. 缺少监督 B. 因思念父母精力分散

C. 其他

5. 对自己学习的要求：

A. 顺其自然 B. 尽自己最大努力

C. 达到优秀 D. 无所谓

三、学习满意度

1. 对自己目前的学习状况：

A. 满意　　　　B. 比较满意　　C. 不满意

2. 对学习成绩不满意的原因是：

A. 成绩不理想　　B. 可以更好

C. 不如别人或未达到父母的期望

四、学习上的困难及求助对象

1. 你在学习方面遇到的最大的困难是________________

2. 家里有人辅导你学习吗？

A. 有，能全面辅导

B. 有，但是只能辅导一部分内容

C. 没有人

3. 你对他（她）们的辅导满意吗？

A. 满意　　　　B. 比较满意　　C. 不满意

4. 父母未外出打工时，学习中遇到困难时你最希望谁帮你解决？

A. 父母　　　　B. 老师　　　　C. 爷爷奶奶

D. 同学和朋友　E. 其他人

五、学习动机

A. 为父母而学　B. 为挣钱而学　C. 为了学知识而学

D. 为了混文凭而学　　　　　　　E. 其他目的

六、在学习上我希望（可多选）

A. 希望得到更多的指点，辅导。

B. 希望得到同学们的关系，和同学们一起学习，玩耍。

C. 希望自己的父母能够在身边帮助自己学习。

D. 希望自己学习好，给父母争光。

E. 希望得到老师更多的关注，关心。

F. 希望有更好的经济环境，有更多的学习资料。

G. 不想继续在这里学习，希望和父母一起在城市学习。

H. 不想读书了，想自己去赚钱。

七、留守儿童与非留守儿童的成绩情况对比（自我评价）、父母外出前后成绩对比情况、父母外出前后学习辅导情况（由谁辅导）。

附录四　留守儿童教育状况调查表

各位同学：

你们好！这是一份问卷调查表。你的意见相当宝贵，就你的个人情况和感受如实填答，本问卷采用无记名方式，只作为采集数据之用，谢谢合作！

区县　　　　　　　　　　学校

一、家庭教育

1. 你平均每天看电视时间：

A.1 小时以内　　B.1 到 2 小时　C 2 小时以上

2. 有人监管你看电视吗?

A. 有人管　　B. 有时有人管　C. 没有

3. 家里有人督促你的学习吗?

A. 有　　B. 没有

4. 监护人监管孩子学习情况：

A. 要求严格　　B. 有时过问　　C. 基本不管

5. 监护人对孩子迟到、旷课甚至逃学所持态度：

A. 坚决反对　　B. 放任自流　　C. 包容支持

6. 监护人参加学校家长会情况：

A. 积极参加　　B. 有时参加　　C. 不参加

7. 监护人主动与老师联系情况：

A. 经常联系　　B. 有时联系　　C. 不联系

8. 学校有没有举办过家庭教育知识培训？

A. 有　　B. 没有　　C. 不清楚

9. 监护人是否愿意参加家庭教育知识培训？

A. 愿意　　B. 无所谓　　C. 不愿意

10. 除学习外，你还有哪些困难和问题希望得到谁帮助解决？

____

11. 你的不良生活行为习惯主要是：

A. 懒散　　B. 不讲卫生　　C. 爱讲脏话

D. 早恋　　E. 其他________

二、学校教育

1. 学校是否有关爱农村留守儿童的机构？

A. 有　　B. 没有

2. 老师做家访的情况：

A. 随时有　　B. 至少一学期 1 次

C. 一年或几年 1 次　　D. 没有

3. 学校开家长会的情况：

A. 每学期 1 ～ 2 次　　B. 每年 1 次　　C. 不清楚

4. 学校有没有留守儿童心理疏导老师

A. 有　　B. 没有

5. 学校对留守儿童教育管理的对策有________

是否有留守儿童花名册：A. 有　　B. 没有

三、道德意识、价值理念

1. 你长大后的理想是什么？

A. 报效祖国　　B. 报答父母　　C. 出人头地　　D. 其他

2. 你最崇拜的人是谁？

A. 科学家　　B. 民族英雄　　C. 明星　　D. 富翁

E. 劳模　　F. 其他

3. 扔垃圾时，看见垃圾筒外都是垃圾，这时你会怎么做？

A. 仅把自己的垃圾扔进桶里

B. 告诉清洁员打扫

C. 扔进垃圾堆放的地方

D. 把自己的和堆放在外面的都放进去

4. 买东西时售货员多找你钱时，你会怎么办？

A. 应当退还　　B. 不是偷来的应当归自己

C. 若有人发现就退还　　D. 仅一元钱不算什么

附录五 关于留守儿童调查问卷

为了全面了解农村留守儿童情况，我们设计了该调查问卷，请如实填写。谢谢合作！

区县 职业

1. 您知道什么是农村留守儿童吗（ ）？

A. 知道 B. 不知道 C. 有点了解，但具体不清楚

2. 您觉得社会对这个问题的重视程度怎么样？（ ）

A. 很重视 B. 一般 C. 不重视

3. 父母外出打工，孩子和谁生活在一起？（ ）

A.（外）祖父母 B. 亲戚 C. 其他人 D. 自己住

4. 孩子每个月生活费是多少元？（ ）

A. 少于 50 B.50 C.100 D.100 以上

5. 孩子多久和父母联系一次？（ ）

A. 平均每周一次 B. 平均每月一次

C. 不定时地联系 D. 很少联系

6. 父母在外打工，多久回来一次？（ ）

A. 一个月 B. 半年 C. 一年 D. 一年以上

7. 您觉得这些孩子所遇到的最大困难是什么？（ ）（可多选）

A. 经济条件不能保证他们的健康成长

B. 教育设施与教育水平落后

C. 亲情的缺失与空白

D. 其他:(请填写您的想法)

8. 您认为造成农村留守儿童问题的主要原因是什么?(　　)(可多选)

A. 当地经济的落后

B. 政府、社会关注不够

C. 孩子缺失亲人的关爱引发心理问题

D. 其他原因，请说明

9. 您觉得这样这个问题会引发一些什么后果? (　　)(可多选)

A. 对当地今后的经济建设发展不利

B. 极大地影响了孩子的身心健康

C. 社会治安问题的日益突出

D. 其他:(请说明)

10. 您认为政府在这个方面可以做些什么事?

后记

随着本书写作的完成，回顾三年在职博士的经历，对很多关心、帮助过我的人充满了感激。

衷心感谢我的导师方达教授！从论文选题到框架搭建，从撰写修改到最终成稿，方老师无不尽心指导。回首求学三年来的点点滴滴，我对导师在学术上的引领和指导充满感激。导师为我的研究领域提供了大量的学术研究相关的数据，不仅丰富了我的实践经验，磨炼了意志，而且锻炼了我独立分析、解决问题的能力，为我在导师的指导下开展相对独立的科研探索提供了重要保障。当本书历尽艰辛终于完成的那一刻，我感到此前在学术研究上所做的一切探索都有了意义。方老师严谨求实的治学态度、精益求精的工作作风、宽容豁达的处世风格，一直深深地感染和熏陶着我。在今后的学术道路上，我将牢记恩师的教诲，踏实研究，努力进取。

感谢杨善文教授、沈越教授、王本陆教授、晏辉教授在开题时的指导和鼓励！在攻读博士学位期间，我系统学习了石中英教授、丛立新教授、袁桂林教授等老师开设的课程，增强了我对教育管理、课程教学、教育信息化的兴趣；还曾旁听过郑国民教授、刘淼教授等老师的课程或学位论文答辩点评，获益良多，在此深表感谢！感谢北京师范大学教育学院、马克思学院所有老师的教诲！

衷心感谢求学期间各位老师对我的提点与鼓励！感谢郭耀博士、刘曼博士、张红学博士、沈小敏博士在专业问题上的有益探讨和启发！感谢劳凯声教授、王鸿飞研究员、李小文院士、朱小曼教授、曹一鸣教授等老师的论文给我的启发！感谢所有以“被好友”、推荐、评论等形式向我传递嘉勉、鼓励信息的博友！感谢《图书情报工作》《情报学报》《图书情报知识》《中国科技资源导刊》等期刊在学术道路上对我的激励与支持！感谢所有对我的研究有帮助的文献作者！

感谢在我求学期间给了我时间及思想支撑的单位领导与同事，感谢亓四华教授、史峰教授、陈行教授、王培俊教授、张祎教授等对我的帮助和鼓励！感谢安徽职业技术学院管理学院全体老师对我的关心与帮助！感谢领导同事的信任、鼓励，感谢学院给我提供了宽松的学习环境，我才得以完成学业！

工作多年后重返校园，单位与家庭在经济与时间上都为我做了很大的付出，期间每个月的集中学习，从一个城市到另一个城市，丢下孩子与学生，自己又重新做回学生，所经历的各种矛盾、内心煎熬，非亲历者不能体会，所幸遇到这一生中值得我学习与尊重的老师与同学，不仅学业上获益颇丰，人生境界上也得到了很大提升。每一次的学习都是集中浓缩的知识盛筵，每一次同学间的交流都是智慧的碰撞。三年尽管很辛苦，却在我一生的求学历程中添了浓重的一笔。通过参与各种学术讨论、广泛阅读教育网博文和国内外的教育学译著并主动联系国内外同行等活动，我渐渐领悟了一些治学的道理，于纠结中坚定了走独立学术道路的信心。尽管本书的出版只是阶段性成果，我还是很欣慰终于将多年来萦绕在脑海中的这些模糊认识尽可能合乎逻辑地显性化了，也算对自己和家人有所交代。感谢父母的鼓励与记挂，感谢爱人多年来的坚定支持及对家庭的付出，同时感谢我的孩子在每次我外出学习时能自觉完成自己的学习。感谢我的兄弟姐妹替我照顾了父母！

最后，向百忙之中抽出宝贵时间审阅本书的外审专家和答辩专家、教授致以崇高的敬意和深深的感谢！

王娟

2020 年 11 月